"21 世纪人类学习的革命"译丛　　第二辑

教育大变局

技术时代重新思考教育

（第二版）

阿兰·柯林斯（Allan Collins）理查德·哈尔弗森（Richard Halverson）　著

陈家刚　译

Rethinking Education in the Age of Technology

The Digital Revolution and Schooling in America(Second Edition)

华东师范大学出版社
·上海·

Rethinking Education in the Age of Technology: The Digital Revolution and Schooling in America, *2nd Edition*
by Allan Collins and Richard Halverson
Foreword by James Paul Gee
© 2018 by Teachers College，Columbia University

Simplified Chinese translation copyright © 2020 by East China Normal University Press Ltd.

First published by Teachers College Press，Teachers College，Columbia University，New York，New York USA.
All Rights Reserved.

上海市版权局著作权合同登记　图字：09 - 2018 - 1185 号

"21世纪人类学习的革命"译丛(第二辑)总序

关于第一辑译丛

首发"21世纪人类学习的革命"译丛之一的《人是如何学习的》中译本,是在2002年秋天,华东师范大学丽娃河畔,在"建构主义教育国际研讨会"上,该书主编、时任范德堡大学教授的约翰·布兰斯福德(John Bransford)和他的同事们来到现场,揭开了中文版封面上的红绸带。

这几乎也是个"学习"的十年:学习型组织、学习型社会、学习共同体、学习型家庭、服务性学习等概念逐渐走进各个领域,"学习"成为一个广具包容性的关键词。然而在惯于宏大叙事的国内教育界的研究分野中,学习一度(甚至现在依然)是个既"微"且"窄"的领域,几乎就是教育心理学中的一个子领域。但是与此同时,在西方教育界,被置于多学科视野中予以考察的人类学习机制,却正在成为反思教育系统、启迪教与学的新关系和新技术的强大基础。对学习的假设的质疑,成为世纪之交对教育的传统、学校的组织和课堂的习惯最大、最根本的质疑之一。进入新世纪以来,随着脑科学、心理科学、信息科学与技术等交叉学科的发展,人的学习的建构本质、社会协商本质和参与本质越来越清晰地显现出来,在认识论、认知神经科学、信息技术、社会学、人类学等多学科的支持下,学习科学作为一个新兴的学科广受关注,并开始在教育界兴起各种教学模式、教学技术的"设计研究"。

我的博士生导师、华东师范大学终身教授高文博士有着对苏联教育和心理学研究的深厚积淀,尤其欣赏维果茨基学派对心理发展的社会文化基础的深刻洞察。更让人感叹的是,她于20世纪90年代中期开始,敏锐地捕捉到欧美学者在学术方向上的共识,在自己学术生涯的后半期,摒弃"画地为牢"的治学藩篱,跨进一个新的、多学科的研究领域。她成为国内教育界系统介绍、阐释建构主义和学习科学的主要学者,是呼吁基于脑科学的教育、跨越信息技术和学校教育鸿沟的早期倡导者,也是在中国本土的中小学尝试建构主义和学习科学实证研究的先驱者。然而,高文教授对自己最大的身份认定一直是"学习者"。

我们有幸与高文教授一起追踪了建构主义的理论争论,也目睹了学习科学的兴起浪潮。这种追踪和目睹的直接成果之一,就是高文教授主编的这套"21世纪人类学习的革命"译丛,今天我们可以称之为第一辑译丛。从2002年9月《人是如何学习的》、《学习环境的理论基础》、《教育中的建构主义》、《美国课程与教学案例透视——贾斯珀系列》的出版,到2004年3月的《情景学习:合法的边缘性参与》和《创设联结:教学与人脑》的出版,第一辑译丛问世已经十个年头了。

笔者作为主要译者之一,对第一辑译丛在我国产生的影响进行太多的主观评价似乎并不合适。为此,我特意查询了两组数据:一是向出版社询问了一些印刷销售的记录,《人是如何学习的》和《教育中的建构主义》都是四次印刷,印数都接近两万;《学习环境的理论基础》是三次印刷,印数12 200册;《情景学习:合法的边缘性参与》和《美国课程与教学案例透视——贾斯珀系列》都是两次印刷,印数一万上下;《创设联结:教学与人脑》也印刷了6 000册。这六本书目前在出版社的库存已接近零。出版社告诉我,作为纯学术类译著,这样的印量和销量让他们相当满意。二是我请华东师范大学图书馆梳理了一些引用方面的数据,截至 2012 年 3 月 7 日,国内 CSSCI 和 CNKI 两大数据库扣除重复后的引用情况是:《教育中的建构主义》1 361 次,《学习环境的理论基础》1 245 次,《人是如何学习的》368 次,《情景学习:合法的边缘性参与》77 次,《美国课程与教学案例透视——贾斯珀系列》59 次,《创设联结:教学与人脑》33 次。这样的引用情况似乎不太均衡,仿佛从一个侧面说明了前几年我国教育界对国外先进的具体案例关注不够,对脑科学的介入也不够敏感。不过综合以上数据,我们还是可以得出这样的结论,即我国学者对这套译丛整体上有着较高的关注。

时至今日,不论是世界还是中国的教育界,关于建构主义的争论还在延续,关于学习设计的实践方兴未艾,但毫无疑问的是,这套译丛给中国教育界带来了一些新鲜空气,并且帮助国内学者建立了有关学习研究的对话平台。

时光荏苒,高文教授已经于 2007 年退休,目前享受着天伦之乐。我们这些当年大多是博士生、硕士生的主要译者,现在则大多是具有高级职称的高校教师,也指导着自己的博士生或硕士生。虽然遇到了各种各样的困难和挫折,我们的团队仍然坚持着学习科学的研究;我们也高兴地发现,近年来国内同行对学习科学的关注越来越多了。

关于本领域进展

我们知道,学习科学的诞生是以 1991 年第一届学习科学国际会议(The International Conference of the Learning Sciences,ICLS)的召开和《学习科学杂志》(*Journal of the Learning Sciences*,JLS)的创刊为标志的。这 20 年来,特别是近 10 年来,虽然缺乏对会议数量的精确统计,教育界不同分支的学术共同体都了解和参与了很多以学习科学为主题的国际国内会议；而对论文的分析相对比较容易量化，根据 2010 年的数据，《学习科学杂志》已经跻身为社会科学引文索引（SSCI）教育类期刊中被引频率最高的五大期刊（五年影响因子为 3.644）。[1] 如果说高文教授在 2002 年撰写第一辑译丛总序时尚没有正式启用"学习科学"这个概念，那么今天，以学习科学为代表的对学习的研究已经有了相当的气象，高文教授所总结的学习科学对于知识的建构性、社会性、情境性、复杂性和默会性的判断已经得到国内外学者的普遍认同。第一辑译丛所涉及的诸如 HPL（"人是如何学习的"的英文缩写）、元认知、学习共同体、学习环境、情境认知、分布认知、知识建构、合法的边缘参与、非正式学习、设计研究等词汇已经为我国教育界广泛接受并传播，成为国内研究共同体的共享概念平台。

经过 20 余年的发展，学习科学研究取得了令人瞩目的成就。通过对《学习科学杂志》19 年的载文分析，[2] 我们可将国际学习科学的主流研究与发展归结为如下几大特点：

1. 学习科学研究共同体在世界范围内不断发展壮大，影响力不断攀升，学习科学内部以及学习科学与其他学科的协作研究不断增强。

2. 学习科学的主流研究集中关注真实情境下的认知与学习。虽然对非正式学习的关注逐年上升，但正式的学校学习场景仍是研究主阵地，尤其关注科学和数学学科相关学习领域基于理解与设计的实践。

3. 围绕"认知、设计和社会境脉"三大领域，一是概念转变、问题解决、推理与迁移（认知取向）等传统认知科学概念，仍是学习科学研究者的重要

---

[1] 2010 汤姆森路透杂志引用报告（Thomson Reuters Journal Citation Reports）（http：// www. isls. org/ journals. html）.

[2] 杨南昌，曾玉萍，陈祖云，任友群. 学习科学主流发展的分析及其启示——基于美国《学习科学杂志》(1991—2009)内容分析研究[J]. 远程教育杂志，2012(2).

研究对象。二是问题解决等新型学习方式(软设计)和技术支持的学习(如CSCL)研究(硬设计),得到学习科学的高度重视。三是学习交流实践中的话语、表征与中介,学习共同体与知识建构(社会境脉取向),正日益彰显学习科学研究的特色与活力。以上主题内容共同构成了当今学习科学研究"核心中的核心",同时,对方法论的重视与关注促进了学习科学不断走向成熟。

4. 学习科学研究崇尚经验(empirical)研究,追求基于证据(evidence-based)的评价,对量的研究、质的研究和理论研究都有应用并在不同情况下各有侧重。在设计研究方法论的导引下,混合研究成为趋势,而且学习科学研究者正在积极探索和实践着适合新型学习环境的各种新方法和新技术,这正是学习科学迅猛发展的动力之源。

关于第二辑译丛

近年国内教育投入在不断增长,教育改革的呼声也持续升高。教育研究在从传统的以教为主的研究转向以教与学并重的研究的同时,教育信息化得到了各级教育主管部门和学术共同体前所未有的关注,不少教育官员和本来非教育技术学科的学者都投入到对教育信息化的研究和实践中。教育改革越来越多地与教育信息化和对学习的深入研究联系起来。正是在当前这种国情下,又兼国际上教育技术与学习科学也一直是这种"你中有我、我中有你"的交融格局,我们认为,保持学习研究的国际前沿的视野是非常必要的。因此,我们从 2011 年开始策划第二辑译丛,经过多次讨论并确认了版权等事宜,我们确定了第二辑译丛的第一批书目,后继的书我们仍在遴选中,在这里简单介绍一下第一批的六本。

《心智的构建：脑如何创造我们的精神世界》（*Making up the Mind: How the Brain Creates Our Mental World*）

本书出自世界知名认知神经科学家克里斯·弗里斯（Chris Frith）之手，将带领读者进入一个神奇的脑构建的精神世界，揭开有关脑、心智、行为与外界世界交互机理的神秘面纱，是面向普通读者所写的关于心理过程生物学基础的一部出色的入门书。

全书以一个虚构的认知神经科学家作为第一人称（叙述者"我"）与英文教授、物理学家等不同角色进行辩论的形式，通过详实的实验数据和证据，生动有趣而又科学精妙地阐述了人脑是如何与物质世界建立联系进而创建我们的精神/心智世界的，揭示了脑如何产生我们所不知的错觉，脑如何通过预测、创建世界模型和心智模型与世界交互，以及脑如何创建文化进行分享的生物学机制。

全书隐含着许多有关学习的新解释和新观点，为我们打开了一扇从神经科学视角理解学习的新窗口。而它所采集的脑和行为的数据为我们提供了解释学习的强有力证据，丰富了我们关于学习是怎样发生的理解。用诺贝尔奖得主埃里克·R·坎德尔（Eric R. Kandel）的话来说："对于所有想了解脑是如何产生与我们生活相关心理现象的人们来说，这是一本必读书！"

《技术时代重新思考教育：数字革命与美国的学校教育》（*Rethinking Education in the Age of Technology: The Digital Revolution and Schooling in America*）

本书是阿兰·柯林斯（Allan Collins）和理查德·哈尔弗森（Richard

Halverson)两位作者以在美国西北大学执教的一门关于教育改革历史的课程为基础撰写的。

作者认为，学校为社会发展会不断作出贡献。但学校教育对于绝大多数人而言只包括 5 岁到 18 岁或 21 岁的这个年龄段。即使学生在学校里学习，他们教育中的很大部分也发生在校外。而美国正在推进的教育改革可能是 200 年前将我们从学徒制带入普及性学校教育的那场革命之后的又一次革命。它是由最近这些年所发明的所有新技术引起的。技术已经改变了更广泛的社会，在阅读、写作、计算和思考等学校教育的主要关注点上都处于中心地位。然而目前技术依然被置于学校的边缘，大部分只是用于专门课程中。所以，技术和学校之间存在着很大的不协调。技术对学习的主要影响开始发生在校外，从而对学习发生的主要场所学校教育构成了挑战。

作者指出，教育政策领导者必须重新思考学校内和学校外的教育，学校要适应和容纳技术驱动的学习这股新生力量。如果教育者不能成功地将新技术整合进学校中，那么在过去 150 年间发展起来的长期认同的学校教育的面貌将发生改变，有手段和能力的学生会在公共学校之外进行学习。

《课堂环境中基于网络探究的科学教育》（*WISE Science: Web-based Inquiry in the Classroom*）

本书三位主要作者詹姆斯·斯洛特（James Slotta）、马西娅·林（Marcia Linn）和卡罗尔·李（Carol Lee）在系统介绍 WISE（Web-based Inquiry Science Environment）科学探究学习环境的研究成果的基础上，全面探讨了如何在网络探究学习环境中开展科学教育的方法和途径，具体内容包括技术在教育中的挑战和机会、WISE 学习环境的概述、理论框架（"脚手架知识整合"）、课程开发模式、WISE 的成效、WISE 课程和评估的伙伴关系方式、细节操作、教师的专业发展、分享和交流等。本书的特点是通过案例分析详细介绍了 WISE 的实践应用问题。

WISE 为科学探究活动提供一种有价值的基础环境，内容涉及科学探究的不同方面，如通过探究可视化和模型的使用，帮助学生对地球科学概念形成更深层次的理解。WISE 的技术环境和相关材料已经翻译成多种文字，包括挪威语、荷兰语、德语、希伯来语、日语、中文和韩语。

WISE 是教育中极少数的跨界研究项目，将学校、教师和学生融入一个世界里。WISE 的这种生存能力为我们提供了新的研究机会。仅仅从采用基于 WISE 自然科学课堂应用的教师数量上来谈，该项目取得了巨大成功。在美国，从 6 年级到 12 年级（11 岁到 17 岁）的自然科学课程全面使用了WISE，超过 20 万学生以及一千多名教师参与到 WISE 探究项目中。

《人是如何学习的：大脑、心理、经验及学校》（扩展版）（*How People Learn: Brain, Mind, Experience and School, Expanded Edition*）

美国杰出的心理学家约翰·布兰斯福德、应用心理学家安·布朗（Ann Brown）、发展与认知心理学家罗德尼·科金（Rodney Cocking）会同来自人类学、心理学、教育学和计算机科学、文化与学校教育、数学、科学、物理、历史、视觉与表演艺术等研究领域的 16 位研究人员组成的学习科学发展委员会，受美国教育部教育研究与改进办公室的委托，对人类学习的科学知识基础及其在教育中的应用进行评估，以便向教师、学校行政人员、家长和政策制定者等传递来自认知心理学、发展心理学、神经科学、人类学，以及学科（诸如科学、数学和历史）学习研究的最及时、有用的研究成果。《人是如何学习的：大脑、心理、经验及学校》(第一版)正是这一项目的总结报告,书中汇集了新的学习科学出现以来最为重要的思想和理论,是学习科学这个新兴的跨学科研究领域第一本集大成的论著,正是这本书将许多人带入了学习科学这个新的领域。

第一版出版后,美国国家研究院(NRC)成立了学习研究和教育实践委员会,目的在于继续前一研究项目,探索更好地将学习科学方面的研究发现与实际的课堂教学连接起来的关键问题。本书作为第一版的扩充版,更进一步地扩充了在第一版中提出的一些基础研究项目的结果,并进一步探讨了将学习科学应用于课堂教学实践的有效途径和未来研究方向。

《学习环境的理论基础》(第二版)(*Theoretical Foundations of Learning Environments, the Second Edition*)

戴维·H·乔纳森(David H. Jonassen)是教学设计领域的国际著名学者。由他和苏珊·M·兰德(Susan M. Land)主编的第二版《学习环境的理论基础》是将最新学习理论应用于学习环境设计和分析的全面回顾和总结。作为我们译丛第一辑中的一本,第一版的《学习环境的理论基础》首次为学习环境的这些新观念提供了一个易于掌握的总结。在过去的十年中,以学生为中心的学习环境的概念日趋成熟。学术界已经对学习的建构主义和情境观点进行了详尽阐述。在第一版的基础上,第二版展现了包括元认知、基于模型的推理、概念转变、论辩、具身认知、学习共同体和实践共同体的理论基础新视野。第二版是用来向教学设计者、课程专家、数学和科学教育者、学习心理学家和任何对当前理论发展水平有兴趣的读者介绍这些以学生为中心的学习环境的附加理论基础。尽管并不存在一个统一的学习理论,这本书在增强书中所述理论的一致性方面仍然值得称道，它们共同提供了关于建构主义学习的一致性的元理论。

令人痛心的是，戴维·乔纳森，这位写过 37 本书、182 篇文章、67 篇章节的，在 29 个国家做过 400 多场报告的，敬业、勤奋、多产的学者于美国中部时间 2012 年 12 月 2 日早晨 6:30 因病去世，享年 65 岁。

《学科学和教科学：利用技术促进知识整合》(*Science Learning and Instruction: Taking Advantage of Technology to Promote Knowledge Integration*)

本书作者马西娅·林和巴特-希亚·艾隆(Bat-Sheva Eylon)以此书作为对美国正在进行中的科学教育改革第四次浪潮的回应。

本书提出，科学教育质量提升的关键是对科学的一致性理解，即必须借助在科学素养方面的"生产机制"，使学习者既能够意识到科学观念之间的联结性，也能够将观念联系到一起，并运用到身边的情境之中。这是一种知识整合，其包括有意识并努力地解释所观察的现象，就科学和技术问题作出决策，以及寻求解决难题的路径；是一种根本性的学习，区别于对信息的记忆或吸入。

本书作者之一的马西娅·林是加州大学伯克利分校教授。她及其领导的"技术增进的科学学习"(TELS)团队所创建的"基于网络的科学探究环境"(WISE)，展现了学科学和教科学的革命性路径，并为当下科学教育改革的丰富实践和创意提供了无限可能。作为学习科学、技术设计与学科教育有机整合的成功范例，WISE 被美国学习科学家们广泛誉为"强大的高技术在线平台"，"有力支持了学生的科学学习和教师的课程设计"。

2013 年以来，我们又遴选了几本书作为第二批，下面的六本也已经在出版的过程中,这样就形成了一共十二本的本译丛。

《无限制的学习：下一代远程教育》(*The Next Generation of Distance Education: Unconstrained Learning*)

在教育传播与技术协会(AECT)主办的 2010 夏季学术研讨会上,与会的学者、研究人员以及其他创造性的思想家就他们各自对下一代远程教育的研究进行了深入对话,探讨了在我们迈向新的无限制的学习模式时开展有效实践的指导原则。在这次研讨会后,莱斯利·莫勒(Leslie Moller)和贾森·B·休特(Jason B. Huett)将会议的研究成果编撰成了本书。

本书作者认为,应该从根本上改变对远程教育的看法,不要再将它视为传统课堂的等价物,在认识远程教育时不要将它同我们熟悉的校园经验进行比较,而要从它自身的特性和优点出发来认识它,这构成了本书的基本出发点。由此出发,本书首先阐述了十条有助于我们迈向无限制学习这一目的的下一代远程教育的原则;继而探讨了远程教育中的互动、数字化协作文化的创建和协作问题解决、基于探究共同体框架的有效教学设计、教学传递方法、正式和非正式学习环境、基于游戏的技术在学习和评估中的运用、分布式学习模型、代理知识管理模型等问题;最后,列出了 2000 年前有关教学设计和远程教育的经典论文汇编以便为本领域的新进人员提供参考。

本书揭示了下一代远程教育的若干重要属性;就技术如何帮助每个人以新的方式学习,以及未来教学设计、教学和学习等方面提出了许多深刻的见解;从多样化的情境、多种知识类型、协作与社会学习、教学设计基本原则的应用,以及对教学设计过程的影响这五个广泛的方面,为我们勾勒了一幅下一代远程教育的未来蓝图。

《信息丰富环境中的学习》(*Learning in Information-Rich Environments: I-LEARN and the Construction of Knowledge in the 21st Century*)

　　本书是美国马里兰大学信息研究学院的迪莉娅·纽曼（Delia Neuman）教授的一本最新力作。全书试图从当今世界所处的信息化变革的波澜图景中,努力寻找人类学习的时代秘钥。作者首先指出,21世纪的人类无时无刻不处于各种各样的刺激的包裹中(印刷的、视觉的、音乐的、谈话的、展示的,甚至是气味的),这些刺激其实都是某种信息的卷携者。作者强调,信息不仅仅是事实、观点或观念的集合,更是我们进行学习的工具,为我们提供了进行批判性思维和问题解决的基本组块。21世纪的学习其实是一种基于信息的学习,它体现为获得信息、评估信息、使用信息和创新信息的完整过程。而上述的各种对信息的操作技能,就是21世纪的学习者需要重视的重要生命技能。

　　在阐明上述基本观念的基础上,作者在本书中试图进一步解决如下的核心问题,即教育该怎样去做才能帮助信息化环境中的学习者更好地学习、更好地发展。作者在本书中提出了一个极具实践操作性的教学设计模式或学习环境的设计模式,即信息学习模式(I-Learn Model)。这个模式要求教学设计者能够让学习者在学习任务的解决过程中充分地接触信息、感受信息、体悟信息,并充分地获得信息素养的发展。该模式的具体要素和过程是:识别(identify)、定位(locate)、评估(evaluate)、应用(apply)、反思(reflect)、通达(know)。作者运用了大量的实验案例向读者展示了I-Learn模式在促进学习者建构事实性知识、概念性知识、程序性知识和元认知知识等各种知识上所具有的效果和作用。作者认为,今天的世界是一个充满信息的世界,或者说,是一个信息丰富的世界,通过运用I-Learn模式,教育者就能够帮助学习者逐渐形成如下的一种良好的思维习惯和见地,即看到和明白这个世界本质上是一个包罗万象的信息源,人们可以通过接触、评估和使用这些信息来解决问题、完善人生。作者甚至认为,在今天这样一个充盈着信息和可能性的世界中,上述的信息化思维和素养是个体进行自主学习、终身学习的重要基石。

《情感与学习技术的新视角》(*New Perspectives on Affect and Learning Technologies*)

本书两位主编之一拉斐尔·A·卡尔沃(Rafael A. Calvo)现为悉尼大学电子信息工程学院副教授,学习与情感技术工程研究小组主任,也是情感计算、学习系统和网络工程等领域的众多刊物的作者。另一位主编西德尼·K·德梅洛(Sidney K. D'Mello)是孟菲斯大学副教授,主要研究兴趣是情感、认知和学习科学。

理解认知、情感的复杂关系,以及开发调节学生情感的有效干预,是一种高度跨学科的努力,它涉及心理学、教育学、计算机科学、工程科学、神经科学和人工制品设计。本书聚焦于理解学习环境中与特定学习目标相伴而行的学生情感,期望通过技术干预,激起学习者的情绪反应,以此促进情感与认知协同发挥作用,提升学习实效,同时,还帮助我们发现一些决定性的、以学习为中心的情感现象。

此书汇集了情感计算领域的最新研究成果,关于情感与学习技术的"新观点",以及来自以下几个研究主题的交叉点:(1)情感、认知和学习理论;(2)适用于学习环境的情绪、认知和动机的基础研究;(3)促进情感和认知过程的教学法和动机激发策略;(4)聚焦于情感识别与合成的多模态人机接口技术;(5) 情感—感知计算机学习环境的最新进展;(6) 开发情感—感知学习环境的设计议题;(7) 研究情感和学习的新方法;(8) 神经科学对情绪和学习的研究。

《深度学习:超越 21 世纪技能》(*Deeper Learning ——Beyond 21st Century Skills*)

2010 年美国发布了《共同核心州立标准》。经过多年的研究、争论和探索实践,美国国家研究院 2012 年发布报告《为了生活和工作的教育:发展可迁移的 21 世纪知识和技能》。此报告发布之后,许多致力于深度学习实践策略的作品相继出炉,而本书即为其中的一个优秀作品。主编詹姆斯·A·贝兰卡(James. A. Bellanca)曾编写过本书的前身:《21 世纪技能:重新思考学生是如何学习的》(*21st Century Skills: Rethinking How Students Learn*),本书的作者们不仅有读者耳熟能详的教育政策资深研究者如琳达·达令-哈蒙德(Linda Darling-Hammond)和迈克尔·富兰(Michael Fullan),更聚集了一批参与过研制、管理 21 世纪技能、共同核心州立标准以及相关的配套评价系统并长期在一线观察和指导基层学校变革的资深政策研究者和实践者,如"21 世纪技能伙伴组织"的海伦·A·索尔(Helen A. Soulé),休利特基金会的芭芭拉·乔(Barbara Chow),"21 世纪教育领导者组织"的肯·凯(Ken Kay)。

全书共有十四章,分为三部分。第一部分是关于深度学习的应然状态和最佳实践的描述,作者们选择示范性的深度学习实践,从这些范例开始,在他们深入的实地研究基础上提出建议,呼吁让所有学生都能获得深度学习机会。第二部分是涉及课程、教学和评估的改革。他们观察到在广大学校、学区和州的课程、教学与评价领域发生的深度学习范式转变,带来了系统化应用的挑战。他们思考的是学区决策者需要注意哪些问题,才能使基层教师可以获准实施、得到道德支持、鼓励和实施深度学习计划的资源。第三部分由范式转变的实践案例构成。首先介绍的是一个完全由深度学习驱动的并且已取得了成果的学校;其次,展现的是变革过程中的领先学区的经验教训;最后是各示范州在带领学区进行范式转变中所做的工作。

本书作者的写作,阐述了21世纪技能和深度学习之间的联系以及这些技能、过程和成果对美国未来教育的重要性,提供了一个关于是什么、为什么以及怎么做的深度学习实例金矿,它们既是教师关注21世纪技能的一种手段,也是一种结果。当前我们的教育系统正处于一个关键的十字路口:要么选择继续因循守旧,要么选择向前迈进。本书紧扣我们这个时代核心的教育挑战,以深度学习为钥,开启卓越之路的大门,呈现出21世纪技能的革新和发展。

《教育大变局:技术时代重新思考教育(第二版)》(*Rethinking Education in the Age of Technology: The Digital Revolution and Schooling in America, the Second Edition*)

继2009年出版《技术时代重新思考教育:数字革命与美国的学校教育》一书并在国际学术界引起较大反响之后,阿兰·柯林斯和理查德·哈尔弗森两位教授结合过去10年中信息和数字技术的最新发展,对全书内容进行了修订,从而呈现了终身教育时代技术支撑下的丰富多样的最新教育图景。

全书首先呈现了技术热衷者和技术怀疑者之间针对技术在教育中所起作用的辩论,并考察了美国从基于学徒制的体系转变到基于学校的体系这一过程中发生的教育革命，接着讨论了正在涌现的新教育体系的种子。然后，作者描述了工业革命之前的学徒制时代、当前正逐渐淡出的公共学校教育时代和我们现在正在进入的终身学习时代之间的关键差异，思考了我们面对一个新的教育未来时的得与失，以及学校应如何最好地利用技术给我们提供的机会。最后，全书描述了教育革命从更广泛意义上说对社会的意义，并讨论了当我们从以学校教育为中心的教育体系转变到人们参与终身学习的体系时，需要从哪些方面重新思考教育。

作者认为，200年前的第一次教育革命将教育从学徒制带入了普及性学校教育，公立学校广泛建立，为美国和全世界的发展作出了很有价值的贡献。随着学校教育进入21世纪，传统的学校教育模式已经不能满足培养年轻人迎接时代挑战这个期望。学会阅读，学会做数学，从学校毕业，这些依然重要。但让年轻人学会和各种观众交流，在多渠道媒体空间中评价公开论断的真实性，生产和评价计算机制品，发展适应性生活和专业技能，这些则变得更加重要。

今天，第二次教育革命正初见端倪，教育正从学校教育过渡到终身学习。技术成为这次革命的驱动力。正是技术的发展，使教育的内涵不仅仅局限在学校教育，而是在学校之外播撒着新教育体系的种子。可汗学院、Pinterest、计算机自适应系统、慕课、基于兴趣的学习环境、维基百科、YouTube、创客空间等技术支持的新教育形式，使终身学习成为可能。

现在技术开始在校外对学习产生主要影响，并对学习发生的主要场所——学校——构成挑战。技术传统上在学校里处于边缘地位，所以教育决策者必须重新思考学校内和学校外的教育，并充分认识到新技术在教育中的推动作用；学校要适应和容纳技术驱动的学习这股新生力量。只有这样，教育才能满足21世纪的需要，为人类的发展作出更大贡献。

《什么值得教？技术时代重新思考课程》(*What's Worth Teaching:*
Rethinking Curriculum in the Age of Technology)

本书是美国西北大学荣誉退休教授阿兰·柯林斯在其《技术时代重新思考教育：数字革命与美国的学校教育》(与理查德·哈尔弗森合作，2009年出版)一书在国际学术界引起较大反响后打造的又一部力作。作者开篇就强调，今天各地的学校所教授的都是可上溯至 20 世纪早期的课程，这种课程充斥着成年人经常用不上的知识，让学习者看不到所学内容与自己真实生活的意义。

作者指出，今天的社会和工作正变得越发复杂。如果年轻人没有受过良好教育去应对这种复杂性，他们将很难在 21 世纪的社会中游刃有余。此外，数字技术在改变着生活的每一个方面。随着发明和变革速度的加快，我们需要学会应对新颖、不可预测和充满变化的各种经历所带来的不确定性。所以年轻人需要看到正在塑造这个世界的趋势，通过实验、创造和即兴创作来应对不确定性。他们需要批判性地评估自己的选择，去做出关于自己生活的明智决定。他们需要在复杂的司法和政治体系中找到正确方法。他们需要做出有关环境、经济和自己健康的决定。他们需要在一些要面对的常见问题上与来自其他文化的人有效合作。

实现上述这些技能目标要求一种与学校今天所教的知识截然不同的知识。例如，学校地理教学强调让学生记住不同国家的首都和地区，但有了因特网这个知识储存库以后，再花费很多时间去记住这些对大多数人的生活不太重要的地名是不值得的；反过来，如果了解重要国家的文化、经济、地缘政治以及它们之间的关系，则有意义得多。按照这个思路，作者分析了数字时代的学生亟需学习的一些方面，例如他们应该学会哪些素养？他们应该如何维持健康的生活方式？关于经济和法律问题、策略和自我管理问题，学生应该学会什么？学生如何学会产出性思维？如何学会管理时间、资源和群体工作？学生应该了解哪些环境和经济问题？学习关于数学和科学基础的哪些内容？

上述这些领域都是传统学校课程不会教授的，所以作者最后呈现了一种重构学校教育、把 21 世纪技能和知识教给 21 世纪学生的愿景，即激情课程，把重新设计学校教育的重要原则整合进来，如完成有意义任务、发展深度技能和知识、同伴教学和辅导，以及进行计划、实行和反思这个学习循环，而真实的任务和评价，则是在上述情境中教授特定能力的两个重点。这种课程的目标是发展对学生动机和学习有重大影响、能让学生更好地为自己即将进入的复杂世界作好准备的学校教育。

关于翻译出版

随着我国高等教育国际化进程的发展，越来越多在高校供职的本领域研究者具备了直接阅读英语原著的能力。对这些学者而言，阅读翻译作品的需要在不断下降，而他们作为翻译者的可能性却在增加。

但是，我国基础教育领域中，广大电教馆、信息中心、教育装备部门的从业人员和一千多万名中小学教师则无疑仍然对阅读翻译的著作有着现实的需求。

目前中国学术书籍翻译存在一些问题。一方面，低端的、商业化的翻译越来越多，不少好书刚问世就给一些非本领域的出版社买断了版权并组织职业翻译者（而非本领域的专业翻译者）来翻译，有些出版社往往会把学术书往畅销书的路子上引；老实说，译者、作者、出版社各方都希望书能更畅销,不过应该在保证质量并尊重原作的结构和风格的前提下做到这一点,这种坚持在目前的情况下更加可贵。另一方面,纯学术的翻译越来越艰难,翻译在成果认定上一直地位不高,而且随着国内出版社改革力度加大,纯学术出版的空间还是有被压缩的危险,国外出版社索要的版权费似乎也越来越高。

在前辈学者的指导下,在我们自身学术信念的支撑下,在出版社以及我们所在学术单位的支持下,我们这么一群愿意坐冷板凳的译者还是走到了一起。虽然译者们大都还算是青年学者,但比起十年前,我们成熟和自信了许多。随着自身学养、国际视野和国际学术交流水平的提升,我们在翻译过程中都与原著者建立了稳定的联系,并就翻译中的问题进行了多次沟通,其中一些原著者都受邀访问过中国,或是在本国接待过我们到访的部分译者。

我们仍然需要更好的外译中的作品,我们已经开始有了中译外的需求。也许,一个中国教育界与国际教育界平等对话的时代就在不远的将来。

对于第二辑译丛的出版,我们团队的裴新宁、赵健、郑太年等以及我个人都要感谢高文教授的指导,感谢各位译者的辛勤工作,感谢华东师范大学出版社王焰社长和负责本译丛编辑的教育心理分社彭呈军社长。

2012 年初春成稿,2013 年元月修订

2014 年 6 月再订于丽娃河畔

目 录

第二版译者前言 / 1

序 / 1

致谢 / 1

第一版前言 / 1

第二版前言 / 1

第1章　教育在如何改变 / 1

　　本书的结构 / 8

第2章　技术热衷者的观点 / 10

　　变化中的世界 / 10

　　用更强的能力去教育学习者 / 15

　　技术热衷者对学校教育的看法 / 29

第3章　技术怀疑者的观点 / 32

　　原地踏步？ / 34

　　为什么教育改革会失败 / 37

　　在学校中使用技术的障碍 / 39

综合分析：学校和技术之间的不协调 / 45

技术怀疑者对学校教育的看法 / 50

第4章　美国学校教育的发展 / 52

从学徒制到普及性学校教育 / 53

美国普及性学校教育的建立/ 58

学校体系的演变 / 62

对学校的要求是如何变化的 / 66

革命的循环 / 68

第5章　新教育体系的种子 / 69

支持学校学习的种子 / 72

基于兴趣的自然学习环境 / 80

结论 / 89

第6章　教育的三个时代 / 91

责任：从家长到国家，然后再到个人和家长 / 91

期望：从社会复制到全员成功到个人选择 / 93

内容：从实用技能到学科知识到学会如何学习 / 95

教法：从学徒制到教学主义到互动 / 97

评价：从观察到测试到嵌入式评价 / 98

地点：从家庭到学校到任何地方 / 100

文化：从成年人文化到同伴文化到混龄文化 / 101

关系：从个人亲情联系到权威人物到与计算机中介的互动 / 103

教育中的关键变革 / 104

第7章　会失去什么，会得到什么 / 105

vi

会失去什么 / 105

会得到什么 / 111

实现潜能,降低风险 / 113

第 8 章　学校如何支持新技术 / 114

基于实作的评价 / 116

新课程设计 / 119

数字世界中通向公平的新途径 / 123

第 9 章　这一切意味着什么? / 126

孩子们正从技术中学到什么? / 127

技术如何改变了孩子们的社会生活和学习? / 130

我们将何去何从? / 131

第 10 章　在技术世界中重思教育 / 133

重新思考学习 / 134

重新思考动机 / 137

重新思考什么是应该学习的重要内容 / 138

重新思考职业 / 141

重新思考学习与工作之间的转变 / 143

重新思考教育领导 / 146

重新思考政府在教育中的作用 / 149

我们对未来的愿景 / 150

参考文献 / 153

索引 / 163

关于作者 / 178

第二版译者前言

从古时的结绳记事和口耳相传，到后来的印刷媒体，再到今天的计算机、网络技术、数字技术，人类技术的每一次进步都给教育带来了新的可能、新的面貌。技术对教育的促进不仅体现在微观的学习和教学技术的改进方面，更体现在宏观的学习方式、学习内容、学习场所、学习文化等各方面的变革之中。传统的学校和学校教育的组织体系已遭受到了技术的冲击，知识经济中的终身学习者已感受到了技术带来的新的机会和潜力。新技术将如何拓展和丰富传统学校教育的内涵？新技术将使人类教育在未来的几十年呈现何种前景？阿兰·柯林斯和理查德·哈尔弗森于2009年出版的《技术时代重新思考教育——数字革命与美国的学校教育》一书已对技术如何变革传统学校教育，这个被技术浸润的世界如何培养未来几代人的各种可能进行了全面呈现和深刻探讨，而2018年全新出炉的第二版则结合过去近10年的最新技术发展，生动展示了数字革命正在如何如火如荼地改变着美国的学校教育。

第二版主要内容

200年前的一次教育革命改变了传统的教育模式，公立学校广泛建立，学校教育日渐普及，为美国和全世界的发展作出了很有价值的贡献。然而，学校教育对于绝大多数人而言只是人生中的一小段。而且，即使学生在学校里学习,他们所接受的教育中的很大部分也发生在校外。

现在,第二次教育革命正初见端倪,教育正从学校教育过渡到终身学习。技术成为这次革命的驱动力。正是技术的发展,使教育的内涵不仅仅局限在学校教育,而是在学校之外播撒着新教育体系的种子。可汗学院、Pinterest、计算机自适应系统、慕课、基于兴趣的学习环境、维基百科、YouTube、创客空间等技术支持的新教育形式,使终身学习成为可能。

现在技术开始在校外对学习产生主要影响,并对学习发生的主要场所——学校——构成挑战。技术传统上在学校里处于边缘地位,所以教育决策者必须重新思考学校内和学校外的教育,并充分认识到新技术在教育中的推动作用;学校要适应和容纳技术驱动的学习这股新生力量。只有这样,教育才能满足 21 世纪的需要,为人类的发展作出更大贡献。

第二版主要特点

2013 年笔者翻译该书第一版时,曾经在"译者前言"中归纳了其四个基本特征[1]:(1)全书具有超越学校教育的宏观视野。因为技术对学习的主要影响开始发生在校外,从而对学校教育构成了挑战,所以,书中有很大篇幅在描绘终身学习时代的学习者如何在学校外面学习,新媒体技术如何将知识获得的控制权置于学习者而不是教师和教育管理人员手中。(2)全书呈现了对人类历史上第二次教育革命的构划和愿景。作者指出,第一次教育革命,是从学徒制体系转向大众学校教育体系。现在,随着我们从工业社会向知识社会转型,技术极大地影响了教育,从学校教育到终身学习的第二次教育革命正在发生。书中对第二次教育革命有很大篇幅的论述,也是全

---

1 阿兰·柯林斯,理查德·哈尔弗森著,陈家刚,程佳铭译.《技术时代重新思考教育——数字革命与美国的学校教育》[M].上海:华东师范大学出版社,2013。

书的一个亮点。（3）全书体现了教育史与技术的跨领域整合。第一版从教育发展历史的视角，对传统学校教育体制弊端以及技术带来的超越传统学校教育的可能性进行了宏观解读和指引，对未来几十年的教育进行了规划和展望。（4）全书立足于现在的教育，着眼于未来。书中首先呈现技术怀疑者和技术热衷者对于技术在学校教育中所起作用的不同观点，由此引出了人类历史上的两次教育革命，并讨论了正在人们周围发生的新教育体系的萌芽，接着描述了学徒制时代、公立学校教育时代和终身教育时代的关键差异，最后展望了学校应如何最好地利用技术给我们提供的机会，以及当以学校教育为中心的教育体系转变到人们参与终身学习的体系时，我们需要从哪些方面重新思考教育。

　　第二版和第一版相比，内容上有很多充实和更新，呈现了数字技术最新发展对学校教育的影响。例如，在 2009 年出版的本书原著第一版的"新教育体系的种子"一章中，作者主要论述了在家教育、工作场所学习、远程教育、成人教育、学习中心、教育电视和视频、基于计算机的学习软件、技术证书、网吧和终身学习。这些都是对当时校外新教育体系的一个很好归纳和梳理，颇具前瞻性。然而，近 10 年过去，如作者所言，"我们已经历了一波波的新媒体产品，比如 Twitter、Facebook、维基百科、SnapChat、慕课、可汗学院、编程学院（Code Academy）、iPhone 和无数其他东西。这些革新性产品都聚焦于某种信息交换形式。换句话说，这些产品中的每一种都与学习有关。"[1]。所以在第二版的这一章中，作者在分析校外新教育体系中的学习时，描述了可汗学院、图片社交网站 Pinterest、计算机自适应系统、慕课、维基百科、YouTube、创客空间等如何让"各种年龄层次的学习者都能轻易找到设计良好的大多免费的虚拟空间，来建造和测试复杂模型，学习编程，分享创造性写作，与国际伙伴玩计算机游戏，编辑百科全书，等等"[2]。此外，

1　引自原著第二版前言第 xxi 页相关论述。
2　引自原著第二版前言第 xxi 页相关论述。

原著第一版中的很多例子也在第二版中替换成了更多与当前时代更接近的例子。这些关于技术最新发展的分析，无疑会使读者觉得更亲近应时，更具适切性，也更能帮助读者认识到，仅仅强调学校教育是狭隘和短视的，教育者和决策者必须把教育重新界定为一个混合系统，让所有学习者充分利用校内和校外的各种学习机会。

第二版的翻译及致谢

第二版的翻译是在第一版的翻译基础之上进一步充实和更新。第一版的翻译由任友群教授策划，并纳入其主持的"21世纪人类学习的革命"译丛（第二辑）之中。陈家刚和程佳铭共同完成翻译后，由华东师范大学出版社2013年出版，当年就入选中国教师报、中国教育新闻网联合主办，人民教育出版社协办的"影响教师的100本书"综合类第一本，并在其后被全国教育学界学者广泛引用。本书（即第二版）的翻译由陈家刚完成。对第一版内容的熟悉，使第二版的翻译顺畅许多。所以在此要感谢第一版翻译的合作者程佳铭博士所作出的贡献。

本书的翻译要再次感谢该书的主要作者阿兰·柯林斯教授。从2006年笔者读博期间开始和他建立联系以来，在后来的博士论文撰写以及该书第一版的翻译过程中多次得到了他的帮助。2015年笔者在美国北卡罗莱纳大学教堂山分校访学期间，和他联系时，他提及即将对本书第一版进行修订。如今领略到了该书的最新观点，并有机会继续翻译此书第二版，让笔者也深感荣幸！

感谢华东师范大学出版社教育心理分社社长彭呈军先生。过去几年我们之间有多次非常愉快良好的合作，此次他又将本书第二版的翻译托付于我。感谢他的信任，让我能有机会跟踪此书内容的最新发展，也感谢出版社朱小钗编辑和其他工作人员为此书出版所付出的辛劳！

作为译者,我力图忠实传达原著观点,但囿于学识,可能谬误难免,期待读者善意的批评和指正!

感谢所有对本书第二版翻译表达过关注的人们。希望本书出版后引起的反响能够对得起他们的期望!

陈家刚

2019 年春于紫晶南园

序

当知识还储存在头脑而不是书本中的时候，古希腊人和古罗马人就发明了一种记住事情的奇妙方法。这种方法被称为"记忆宫殿"、"旅行方法"，或者不太为人所知的"轨迹方法"。在使用这种方法时，人们先设想某一栋著名的建筑物或某个景观。然后人们按照某种顺序穿过该建筑物或景观的不同地点，在每个地点存放一个能回忆起的物体，并形成对该地点所存放物体的生动形象。最后，在经过一些练习后，人们走过他们所创造的记忆宫殿中的不同地点时，就能回忆这些物体，把每一个找出来。每一个物体都非常可能被回忆出来，因为它能让人们对某个著名地点产生生动、充满意象的联系，而这个地点是一个更大的关联整体的一部分。亚里士多德把记忆宫殿中的这些地点（轨迹）称为 topoi，因而给了我们一个英文单词 topic（主题）。在当时记忆——而不仅仅是文本——对于教学和学习至关重要的时代，各种记忆地点被人们发明出来。

在印刷术发明以后，记忆不再成为学习的关键，学习不再是穿越宫殿里的不同地点。相反，知识被存储在书本中，在教室里被传递。学校的发明可以跻身于人类最伟大最成功的发明。它在使教育更公平更可得方面超越了古希腊人和古罗马人，同时又把学习与意象和旅行的古老联系保存下来。当古希腊和古罗马人把记忆内容加入到这些地方时，他们同时有效地丰富了神话和故事（史诗），把深刻的祖传意义和历史意义赋予日常生活中的人们、地点和事件。这也已经丢失了。

然而，今天，年轻人定期在现代"记忆宫殿"里进行神奇的旅行。现在这个轨迹是一些物理的、虚拟的和想象的地点。下面是一段这样的现代旅程。

一个 15 岁的女孩想写一部图示同人小说，但目前她还不是一位出色的作家。她进入了《模拟人生》(The Sims) 的神奇世界，这是一个家庭和社区的模拟，是历史上最畅销的视频游戏，并从中受到启发。她想修改《模拟人生》中的形象，增加台词，然后把它们按顺序编排成故事。她踏上了旅程，来来回回穿过一系列相互关联的地点，其中一些是真实的，一些是虚拟的。

她从《模拟人生》的虚拟世界转向了讨论该游戏各个方面的兴趣驱动网站，在这个网站中，其他玩家带领她到《模拟人生》的图示同人小说网站，在这里，她被引导去体裁写作网站和 Photoshopping 网站。她也频繁浏览其他网站，看到了其他高级写手张贴的故事。最后，她张贴了自己写的一些故事，得到了很多反馈和帮助。最终，她创建了自己的网站，学会了怎样管理自己不断增加的粉丝群体。她的家、她朋友的家、有关《模拟人生》的会谈，以及人们阅读和讨论吸血蝠浪漫同人小说 (fan fiction) 的更广阔真实地点和虚拟地点，都构成了无数可能旅程中真实—虚拟结合空间的一部分。今天，这个女孩已经有了成千上万的忠实读者。

这个女孩在旅程中学会了如何"修改"游戏软件，使用游戏设计工具和 Adobe Photoshop 工具，创建和维护一个高流量的个人网站，将自己的网站和故事与其他《模拟人生》同人网站关联起来去创建一个网络，创造自定义人物、事件和环境，需要时获取和设计各种技能辅导材料，写出有吸引力的故事，将夺人眼球的图片与文本搭配起来，招募读者（去推广她的故事，运用旗帜作为广告，设计"脑筋急转弯"题目，等等）。（运用阴影和剪裁技术）编辑和组织她的故事图片,在她的网站中发布文本和图片来吸引新读者,留住老读者,特别是用情感上能帮助粉丝的方式去回答他们的问题,把他们与某个共同体(该共同体要求的语言与她故事中所用语言截然不同)关联起来,与粉丝中的志愿者编辑合作来达到通行的共同体标准。

这个女孩没有在旅程中穿过某所"宫殿",在特定房间中放下一些物体,她穿过的是相互关联的真实和虚拟地点,在这些地点中她和其他人一起制造和放置了各种各样的教学和学习实践机会和各种不同的工具。也就是说,他们在许多人、工具和实践中发布了教学和学习。这个女孩有时候自己学习,有时候教别人;有时候她带领别人,有时候又跟随他人;有时候她设计,有时候她又使用别人的设计。有些实践和工具是说教式的,有些是指导、模仿和辅导;有些是讨论、参与和协作;有些是文本的,其他是多模态的;有些甚至是测试。

我把这种教学和学习概括为穿越"亲和空间"(志趣相同的人们旅行和成长的联结空间)的旅行,我也把它称为"分布式教学和学习空间"。今天,如果人们有途径、帮助和辅导,他们可以用这种旅行去学习——如果他们愿意也可以去掌握——几乎任何事情:游戏设计或媒体制作、公民科学和新闻学、各种形式的社会行动主义、机器人技术、神学和古代文明史,以及许多其他学科。我自己运用这种旅行去学习怎样养鸡和保护它们(谢天谢地,它们目前还不错)。

这种旅行是从下而上、从上至下、不断发展的新兴创造的产品。和其他所有新发明一样,它们可以非常强大,有好的一面,也有坏的一面。正如那位 15 岁的女孩通过穿越亲和空间学会了有价值的 21 世纪技能一样,那些想学会如何成为恐怖分子或藏匿非法利益不想让政府知道或逃税的人(所谓的暗网上经常有为这些目的服务的亲和空间)也是如此。如果我们想让我们的孩子们好，我们这些教育者作为成人就必须努力工作，以我们所提倡的为他们好的名义来辅导、引导、设计、聚集和教化他们。

阿兰·柯林斯和理查德·哈尔弗森在他们这本具有高度影响力的著作的第二版中，指向了孩子们今天可以进行的有效校外教学和学习旅行。他们丝毫没有坚持教师和学校应该消失。相反，他们认为，教师和学校应该打开门窗，与真实或虚拟空间联系起来，成为关键的导游，让孩子放飞，穿越我们现代的记忆宫殿。当然，我们还不完全知道该怎么做到这一点，而这恰恰是令人兴奋之处，因而这本书对我们这些教育者而言是新的关键旅行的序言。

——詹姆斯·保罗·吉（James Paul Gee），亚利桑那州立大学素养研究 Mary Lou Fulton 首席教授、杰出教授

致　谢

本书的观点源于我们共同在西北大学执教的一门关于教育改革历史的课程。阿兰一直在教授这门课程,理查德也把我们讨论过的许多观点调整后用于他在威斯康星大学麦迪逊分校所开的诸多课程。我们感谢过去几年间所有修读这门课程的学生和同事对本书前几稿的评论。我们要特别感谢钟乐(Le Zhong)提出的关于如何改进第 5 章的建议,这些意见在本书的后几稿中得到了体现。也要感谢埃里克·哈尔弗森(Erica R. Halverson)对最初几稿颇有见地的评论。感谢朱莉·卡利奥(Julie Kallio)和萨拉·哈克特(Sarah Hackett)对本书第二版修改所提的建议。卡罗尔·孔茨(Carol Kountz)帮助我们决定了本书中应该保留哪些材料,哪些应该删掉。雪利·布赖斯·希思(Shirley Brice Heath)关于本书前一稿的评论及修改建议很有价值。我们也要感谢唐纳德·诺曼(Donald A. Norman)的鼓励,以及他提出的如何使本书符合一般读者口味的建议;还要感谢那些匿名审稿者,根据他们的建议我们对书稿进行了较大的修改。

我们这个系列的编辑马西娅·林在将此书稿纳入教师学院出版社出版计划时起到了关键的作用;出版社的编辑梅格·莱姆基(Meg Lemke)和艾米莉·斯潘格勒(Emily Spangler)辛勤努力,使本书能够漂亮地呈现在教师和广大读者面前。我们感谢詹姆斯·保罗·吉为第二版作序,约翰·西利·布朗(John Seely Brown)曾为第一版作序,我们也非常感激。最后,我们想感谢戴维·威廉森·谢弗(David Williamson Shaffer)提出的如何对本书进行宣传的相关建议,以及拉里·厄尔巴姆(Larry Erlbaum)、戴维·珀金斯(David Perkins)、罗伊·皮(Roy Pea)和芭芭拉·米恩斯(Barbara Means)在帮助我们寻找出版商的过程中提供的帮助。

第一版前言

　　我甚至没有打算评判我认为不可抗拒的这场社会革命对人类有利还是有害。我认为这场革命已经完成或即将完成，并从经历过这场革命的人民中选择了一个使这场革命发展得最完满最和平的国家，从而能清楚理解革命的自然结果，以及使革命有益于人类的方法。我承认，我在美国看到的不只是美国本身。我曾在那里寻找民主的精髓及其局限、特性、偏见和激情。我的愿望是弄清民主的究竟，以使我们至少知道我们从中害怕什么，希望什么。（de Tocqueville，2003：23－24）

　　和德·托克维尔（de Tocqueville）[1]一样，我们也开始描述一次美国革命。它是在美国即将开始出现的第二次教育革命，是 200 年前将我们从学徒制带入普及性学校教育那场革命之后的又一次革命。它是由最近这些年所发明的所有新技术引起的，并且为学习发生的主要场所——学校教育带来了挑战。这次革命还远未完成，正如当 de Tocqueville 在 1831 年访问美国时美国的民主尚未完成一样。另外，和 de Tocqueville 一样，我们试图看

1　de Tocqueville，即亚历西斯·德·托克维尔（1805—1859），是法国政治思想家和历史学家。他最知名的著作是《论美国的民主》以及《旧制度与大革命》。在《论美国的民主》一书里，托克维尔以他游历美国的经验，从古典自由主义的思想传统出发，探索美国的民主制度及其根源，这本书成为社会学的早期重要著作之一。——译者注

到这次革命带来的所有挑战和希望。这次革命正在全球推进，但美国，和当年它在民主革命中一样，似乎站在了前沿。

谁最终会在这次革命之后受益呢？在美国，有一群商业推手，试图将教育产品卖给那些在追求成功的赛跑中占得先机的消费者。这意味着技术产品和服务正在全美兴起。教育曾经被看成是一种人人能平等享受的公共利益，现在被售卖给那些能出钱购买专门服务和计算机程序的人们。

xvi处于这次革命的先锋地位所带来的麻烦是，它为那些不能或不愿意应对这些变化的人们带来了问题。当美国蹒跚向前时，新的不公平和商业化正渗透到教育系统之中。由于收入上的差距不断变大，我们看到技术优势进一步扩大了富人们本已很明显的社会和文化优势。富人们在新学习道路的发展中正发出一种不成比例的声音，正在不成比例地利用着这些新的学习资源。在所有这些变化中，我们的教育图景正比以往变得更多样，更丰富，更令人迷惑。

我们是在学校里推进技术应用的提倡者，但本书关涉到我们如何看待教育的定义与经验在不断发展的技术基础设施的压力下发生的急剧变化。我们承认，作为美国教育转型中承担基本而平凡工作的人员，我们有自己的立场，但在本书中我们已退后远观这些立场，以便看到更广阔的图景。

我们认为学校已为美国和全世界提供了良好的服务。站在今天的立场回顾 500 年前的情景，普及性公立学校教育的出现很可能是 20 世纪的标志性成就。我们非常钦佩那些教师，他们致力于帮助来自不同背景的孩子在一个日新月异的世界中学习和成长。学校曾为世界的发展作出了很有价值的贡献，我们相信它们在未来依然会如此。我们在这里的职责不是去诽谤学校或公立教育，而是想向人们表明，在专业教育者们脚下，这个领域在如何改变日常教学和学习实践。

然而，我们认为现在正是让教育者和政策制定者去重新思考学校教育以外的其他教育的时候。教育是一个终身的事业，而学校教育对于绝大多数人而言只包括 5 岁到 18 岁或 21 岁的这个年龄段。即使学生在学校里上学，他们教育中的很大部分也发生在校外。我们知道技术已经改变了更广泛的社会。它已在人们的阅读、写作、计算和思考等方面都处于中心地位，而这些都是学校教育的主要关注点。然而，技术依然被置于学校的边缘，大部分只是用于专门课程中。

我们认为技术和学校之间存在着很大的不协调。这样，当技术对学习的主要影响发生在校外时就不令人感到奇怪了。因此，我们相信，政策领导们必须重新思考学校内和学校外的教育。 xvii

关键的挑战是，为了下一代的公共学校教育，我们当前的学校能否适应和容纳技术驱动的学习这股新生力量。如果教育者不能成功地将新技术整合进学校中，那么在过去 150 年间发展起来的被人们长期认同的学校教育将消解在未来的世界中：有手段有能力的学生都在公立学校之外求学。我们在本书中的目标，是表明学校过去是如何投入老一代的学习技术的，描述新媒体技术如何为所有孩子和家庭打开了令人兴奋的学习道路，去思考在这个新世界中学校教育、学习和广义的教育是何种图景。

第二版前言

2017年10月,《纽约时报》发表了一篇文章"Google怎样接管了课堂"(Singer，2017)。仅仅在5年内,Google已经改变了学校里复杂学习技术的获得方式。根据Google公司发布的数据,超过3 000万学生为交流和文本产出有规律地使用网页版Gmail和Google Docs。便宜的Chromebooks笔记本已经淹没了课堂,使最狂热的技术热衷者所秉持的"每个学生一台电脑"梦想真正成为可能。GSuite是一个广泛使用的各种应用的集合,包括用于博客、展示、数据库、表单、照片、视频编辑和发布创造性工作的各种免费工具。Google商业模式让人们得到各种应用,创造致力于使用Google工具的教育者网络,发布开源的开发平台(比如安卓系统),用强大、便宜的计算机和应用软件削弱竞争对手。反过来,Google正培养一代伴随Google工具成长的未来用户,这些工具已成为他们日常和学术生活中的关键部分。这篇文章宣称,Google已经"处于一个多世纪以来在美国革命中涌现的一场伟大辩论的中心,这个辩论就是,公立教育的目的是否是培养知识渊博的公民和技术熟练的工人"。

本书毅然趟入了这场关于新媒体技术在学校中所起作用的风暴的中央。我们认为,"知识渊博的公民"和"技术熟练的工人"的反面不像它看起来那样清晰。随着学校教育进入21世纪,传统的学校教育模式已经不能满足培养年轻人迎接时代挑战这个期望。学会阅读，学会做数学，从学校毕业，这些依然重要。让年轻人学会和各种观众交流，在多渠道媒体空间中评价公开论断的真实性，生产和评价计算机制品，发展适应性生活和专业技能，这些也变得越来越重要。工作场所正迅速发生变化，以至于下个十年的许多主要工作现在都还没发明出来。为我们这个世界培养年轻人，就需要发展新技能，以使其成为具有适应性有知识的公民。

学校和图书馆这样的公共机构与私人利益之间的对立是教育研究一个根深蒂固的原则。无论什么时候，只要 Google 这样的公司深深侵入教室这个公共领地，学者们就开始对可能的影响持怀疑态度。我们对保护自主权和公立学校质量方面没有争议，倒是那些不断搜集年轻人偏好和活动的个人信息产品所引发的隐私方面的问题，应该引起我们的注意。我们应该质疑，当各公司在教室里测试他们的产品时丢失了什么，当媒体公司把公众话语从实质性问题转移到娱乐消遣时会有什么后果。我们应该为所有学生开发和验证那些生成更好学习结果的方案。我们应该向学校持续施加压力，为不同社区提供平等的高质量学习机会。应该继续优先把我们的活动用于监控和指导革新，将它们导向那些我们作为公共教育提倡者所分享的价值观。

然而，公私之间的对立阻止学者和决策者理解教育中的技术变革图景。我们这本书的作用是清理出一个空间，让我们更好理解技术如何塑造学校内外的新学习场所。我们描述了机构性的学校教育中的变革该如何发生，来回应学习技术的进步。我们开始把当前的学校体系当做一个抵制新媒体技术的稳定系统。然而，我们也表明了当前学校教育体系的不同方面——年龄分组、共同课程、标准化测试、教材和高中——是如何形成，来回应对学校教育的新要求的。我们认为，学习技术总是溅起教育变革的火花，但机构性变革的步伐已经从传统上落后于新学习工具的开发了。

因特网已经在当前学习技术变革步伐中装上了火箭。Google 只是年轻人和其他所有人重新界定日常生活的新媒体世界的一个方面。自从本书第一版在 9 年前出版以来，我们已经历了一波波的新媒体产品，比如 Twitter、Facebook、维基百科、SnapChat、慕课、可汗学院、编程学院（Code Academy）、iPhone 和无数其他东西。这些革新性产品都聚焦于某种信息交换形式。换句话说，这些产品中的每一种都与学习有关。各种年龄层次的学习者都能轻易找到大多免费且设计良好的虚拟空间，来建造和测试复杂模型，学习编程，分享创造性写作，与国际伙伴玩计算机游戏，编辑百科全书，等等。这一切都发生在公共机构准入或控制范围之外。教育者和决策者必须把教育重新界定为一个混合系统，这个系统能让所有学习者利用校内和校外各种学习机会的优点。

一个多世纪以来，随着当前的学校系统逐渐成型，学习与学校教育便开始等同起来。学校的使命是定义学习中重要的方面，确保这项使命得以实现。本书描述了新学习空间正在涌现的这个历史时代。我们的任务是描述当前的技术、学校教育、教学、学习和教育图景。我们的目标是呈现一个场景，去追踪把我们引向这个目的的各种道路，并为建立改进所有学生和家庭学习的新场所指出可能的路线。我们希望本书能为你的思考和实践激发各种新的可能。

技术时代重新思考教育

第 1 章　教育在如何改变

　　我们都听说过下面关于教育在如何发生改变的故事：

　　一位数学天才儿童的父母认为他们的孩子在学校里什么也学不到，因此决定只让他在学校上体操课，其他的都在家里学习。他们聘请了一位从 AT&T 退休的工程师来引导孩子认识教育软件的神奇之处。工程师给孩子介绍了许多不同的软件程序，如几何画板（Geometer's Sketchpad），这个孩子在其中把自己的数学知识发展到极致。长大后，他代表美国参加了数学奥林匹克竞赛。

　　技术预言家西摩·佩珀特（Seymour Papert）讲述了他孙子三岁时的故事。他对恐龙充满了热情，因此他的父母给他买了很多关于恐龙的影碟。他一遍又一遍地观看这些影碟。正如西摩所说，"在他能阅读之前，他所知晓的恐龙知识就远比我未来能了解的多得多！"

　　一位在星巴克工作的中年雇员从老板那儿得知，如果她得到工商管理硕士学位，她就可以成为一份管理职位的候选人。因此她决定报名参加一项由亚利桑那州立在线大学为星巴克雇员举办的硕士学位项目，这是一所拥有超过 1 万名学生的混合大学。她晚上上课，两年以后，获得了 MBA 学位，从而进入了管理岗位。

米歇尔·诺贝尔（Michele Knobel）（2008）讲述了一个十几岁孩子的故事，他热衷于创作"动画音乐视频"。他在 AnimeMusicVedio.org 的网络社区中非常活跃，从社区同伴成员那里学会了编程技术。他把作品张贴到 YouTube 音乐视频社区中，他制作的视频"Konoha Memory Book"得到了 30 000 个点赞，这个视频是由动画音乐和日本动画《火影忍者》的场景重新混搭而成的。他正学习的这些技能为他在数字和录音艺术方面的事业打下基础。

布里吉德·巴伦（Brigid Barron）（2006）讲述了百慕大一个叫贾马（Jamal）的男孩的故事。当他在高中修读了一门计算机科学课程后十分兴奋，读了好几本网络设计方面的书，并在因特网上和其中一位作者通信联系。在他完成了这门课程后，他决定创办一家名为"动感网页设计"（Dynamic Web Design）的公司。一位成年朋友提出愿意和他分享办公室，贾马就为他设计了一个网页。这位朋友认为贾马很有才能，鼓励他继续自己的商业梦想。

一个十几岁的孩子因为讨厌学校而放弃了高中学业。他决心拿到微软和思科（Cisco）的各种认证，以便能成为一名计算机程序员。他在线修读了一些课程以准备认证考试，后来他通过了考试。这使他能从所在城市的一家大银行的编程部获得一份工作，在那里他从银行为雇员们开发的软件模块中学习银行事务。

一位会计在退休之后决定后学习绘画,这可是她自青年时代以来的梦想。她通过 Facebook 群中的朋友圈联系上了一位当地艺术家,决定购买一个 Wacom 手绘板,开始创作数字画像。几年以后,她已经成为 Reddit 数字艺术信息板块中一位很受欢迎的贡献者,她成立了一个网站,为出售自己的作品进行广告推介。

迈克尔·路易斯(Michael Lewis)(2001)在他题为《下一个:刚刚发生的未来》(*Next: The Future Just Happened*)的书中,讲述了一个名叫马库斯·阿诺德(Marcus Arnold)的 15 岁孩子在一个名为 AskMe.com 的网站上给出司法建议的故事,在这个网站上各种自告奋勇的专家为全世界的人们答疑解惑。这个 15 岁的孩子从未读过任何法律书籍,但他喜欢法律,看过许多关于法律方面的电视节目。他的答案直截了当,人们发现他的答案比该网站上许多律师给出的答案更有帮助。最终他成为该网站司法建议板块最受欢迎的专家。

全世界的人们正把教育从学校引入家庭、图书馆、咖啡馆和工作场所,在这些环境中他们能决定自己想学什么、什么时候学习、如何学习等。这些故事挑战着我们传统的课堂学习教育模式。这些新的学习途径运用技术,使不同年龄层次的人们根据自己的情况进行学习。

同时,美国的公立学校正面临危机。公众对 K-12 学校提出更高的标准,而相应的政策实际上限制了学习机会的多样化。由于拥有学龄儿童的家庭越来越少,许多社区公众也不太愿意为学校提高税收。在新媒体技术环境中长大的孩子对于填写学习单和听讲座也变得越来越缺乏耐心。家长担心孩子们中间会建立起一种同伴文化,在这种文化中欺骗、霸凌和涉性短信肆虐,媒体市场不断渲染青少年名人,而学校学习受到轻视。除此以外,最好的教师正在离开那些最需要他们的高度贫困学校,因为他们可以在其他学区甚至其他职业中挣到更多薪金,赢得更多尊敬。许多教师觉得花费时间帮助学生准备那些他们认为不能评价真实学习的标准化考试没有什么价值。总之,这些压力驱使绝大多数学校去遵循这样一种做法,即在技术带来更多可能的同时减少学习选择。

在教育历史进程中,普及性学校教育的成功使我们将学习和学校教育等同起来。接受完整的学校教育,从幼儿园到高中到大学,对无数美国人来说已经成了一枚成功的勋章。学校教育的普及使我们忽视了这样一个事实——将学校教育等同于学习只是在过去的200年中才发展起来的。

我们是从学校教育和学习分离这个角度来思考今后的教育走向何方这个问题的。我们不是在预测你们当地小学会垮掉。年轻人也不一定非要躲到计算机屏幕后才能受到良好教育。相反,我们看到新教育体系的种子正在越来越多的新学习选择中形成,包括在家教育、视频游戏、在线学习、工作场所学习、网络社区和远程教育,这些都得到新媒体技术的支持。随着孩子和成人花费更多时间在新场所中学习,这些新选择会让我们重新思考将K-12公立学校与教育过程等同是否合理这个问题。

学校教育和这些新技术之间的冲突根源在于普及性学校教育在美国的历史性兴起。美国学校教育早期的制度历史导致了各种组织性实践,如年龄分组、中小学分离、保护教与学实践稳定核心地位的毕业期望等。在保护教与学的基本实践免受人口、地理位置、收入或学校人口规模的干扰方面,这些实践做法已被证明有令人惊讶的适应性。

本书简单回顾了美国公共学校教育的发展,以表明教育体系在19世纪的工业革命期间如何发生了急剧变化。当人们开始在工厂中工作时,原有的通过学徒制传递知识的做法崩溃了。美国的公立学校经过设计,向来自非农业化家庭的大量学生提供了一个标准的教育项目。

现在我们正在进入另一场和工业革命规模相同的革命。它又被称为信息革命或知识革命,是由计算机、视频游戏、因特网、平板电脑、智能手机、FitBit智能手环和人工智能等推动的。工业时代学习技术的必要条件可以被认为是同一性、教导主义和教师控制,而知识时代的学习技术有它们自己的必要条件,即客户定制、交互和用户控制。知识时代的技术强调让人们有机会追寻自己的兴趣和目标。人们不是通过访问学校和图书馆这样的物理场所去获得知识,相反,他们几乎可以发现关于任何主题的信息,并且无论在哪里都可以和他人交流。他们还可以参与那些针对自己表现即时提供反馈的游戏和活动。新媒体技术能为人们提供丰富的社会性学习空间,在自己选择的社区里面去学习自己想学习的东西,变成自己想变成的人。

知识革命在20世纪以来逐渐改变了工作。肖沙纳·祖博夫(Shoshana Zuboff)(1988)描述了各种工作是如何逐渐转型为知识密集型工种的。例如,她描述了纸浆作坊操作工的工作如何从把木片制成纸张的蒸汽房,转移到了空调控制的房间,在那里操作工不得不阅读各种信息展示来理解所发生的事情。这份工作已经从动手变成了推理,或者说从具体变成了抽象。同样,许多公司的秘书工作,已经从为上级打印文件变成了与公司内外的人互动。农夫的工作已经从犁地和收获变成了购买和操作机械,进行财经分析并出售不同产品等。工作计算机化使得人们开始高度重视获得、评估以及综合各类信息的技能。因此,在最近几十年间,受过大学教育和未受过大学教育的人们之间的报酬差异在不断扩大(Murnane & Levy,1996)。在未来,一个人要想获得一份体面的薪水,他就需要拥有终身学习和信息技术专业技能。

学校系统已经变得更加聚焦于基本素养和数学技能的学习,且通常要求学生不借助新媒体技术而学会,同时,学校外的学习却在利用新媒体工具。如果我们仔细观察一下,会发现大多数人们获得信息方式的变化都产生在校外。儿童每天好几个小时与 YouTube、社会媒体站点、平板电脑、移动设备和视频游戏交互。通过在线学习工具的支撑在家里教授孩子学习的家长数量,在过去 35 年有很大增长。越来越多的家长正报名参加在线和一对一的辅导或者拓展活动。家用电脑和智能手机几乎与微波炉和电视一样普及,在许多家庭中孩子们领着家长,向他们演示如何使用电脑进行游戏、研究和上网。

　　当学生们进入职场以后,计算机会指导他们接受不同方面的相关工作培训。悟性好的学生很早就学会了组织自己的虚拟学习工具,如在线视频和辅导,来引导自己的校内教育。他们越来越可能在地方学院、成人教育项目或通过网络修读课程,帮助自己改进技能或丰富自己的生活。这些事情中的大多数不是发生在 20 世纪中叶。技术正把教育从学校中转移到家庭、工作场所、学龄前或毕业后教育机构、业余时间中。

6　　公立学校教育的最近历史已经揭示了新技术的要求与传统项目之间的深刻不协调。技术让教师们的日子更加不好过。它推动教师制定关于怎样在新技术和现有课程之间达成平衡的计划,而这些新技术是学校领导和决策者所没有预料到的。另外,大多数课堂模式的一致步调削弱了新技术将学习个人化的能力。网上可获得的海量信息——有些是真实的,有些是"假新闻"——削弱了人们依靠虚拟资源的能力。智能手机和视频游戏分散了学生对课堂教学的注意力。在这样一个拥有各种不可靠海量信息和资源的时代,许多教育者为各种稳定的资源而感到心安理得,因为这些资源使他们的课堂更加可以预测,然而他们也许不会去反思自己的学生是如何学习的。

结果,学校将这些新的数字技术应用于它们核心学术实践的外围。学校经常提供计算机实验室、技术准备课程、计算机通识课程、校外课程,但没有重新思考教学和学习的基本实践。即使计算机在校外世界中已经成为主导人们阅读、写作、计算和思考的主要方式,但它们却仍未渗透到学校的核心。由于这些阅读、写作等活动正是传统学校赖以生存的基础,因此学校对于计算机的忽视简直就是自掘坟墓。

知识革命所引发的变化既不全好也不全坏。我们看见了技术给教育带来的诸多好处,例如学习者探索自己感兴趣的主题、为自己的教育承担责任的能力。我们也从美国传统公共学校教育的成功历史中看见诸多好处,这种教育已经在过去两个世纪中为成百上千万学生提供了学习、地位和经济上的非凡成功。但与此同时,通往反乌托邦的道路也已开辟。尤其是,新技术会破坏托马斯·杰斐逊所持的教育公民作出明智的公共政策决定这个远见,也会削弱贺拉斯·曼所提的每一个人都能通过获得公共教育而取得成功这个卓识。提升将教育机会个性化的能力,能让学习者聚焦于他们的自我兴趣,赋予那些有财力享受这些服务的人天生的优势。

我们担心的是,这第二次教育革命会削弱蕴含于公共学校教育承诺中的社会凝聚力和平等。荒谬的是,表面上看能创造更多平等学习机会的技术,也很可能会强化社会分层,因为这些技术将用户引向志趣相投的共同体,从而将那些激发反思性对话所必需的多元视角关在门外。技术驱动的学习机会的挑战在于可得性问题和使用问题。越来越多有经济能力的人们能购买计算机技术,从而具备新的媒体素养。传统学校体系的美妙承诺之一,是让所有学生拥有常见的学习技术。家庭拥有和使用计算机的不同能力限制了学校公平分配学习机会的能力。我们希望,通过将所发生的更大图景展现在世人眼前,能让社会避开危险,充分利用新技术带来的可能性。

本书的结构

第 2 章和第 3 章考察了技术热衷者和技术怀疑者之间的辩论。我们认为技术怀疑者所认为的技术与学校教育之间存在深刻不协调的观点是正确的,但是也认为技术热衷者所持的教育必须改变以适应知识革命的看法是合理的。正如我们在前言中所述,我们是技术的支持者。尽管我们对怀疑者的许多观点持赞同态度,但我们也希望让读者相信技术在学习中的机会和价值。我们看到对新技术的回应主要发生在校外,我们认为需要根据新技术重新思考学校教育。

第 4 章思考了美国从基于学徒制的体系转变到基于学校的体系这一过程中发生的教育革命,从而将当前的辩论置于特定的背景之中。我们的观点是,教育的这次早期转型由许多事件促成,但却是由工业革命加速的。我们现在正在经历一次强度相似的社会革命——知识革命——它将教育中的另一次转型引向终身学习。在第 5 章,我们讨论了正在涌现的新教育体系的种子。

第 6 章描述了三个教育时代的关键差异:工业革命之前的学徒制时代、当前正逐渐淡出的公共学校教育时代和我们现在正在进入的终身学习时代。第 7 章思考了当我们面对一个新的教育未来时,会有哪些得与失。第 8 章描述了学校应如何最好地利用技术给我们提供的机会。第 9 章描述了教育革命从更广泛意义上说对社会意味着什么。最后,在第 10 章,我们讨论了当我们从以学校教育为中心的教育体系转变到人们参与终身学习的体系时,需要从哪些方面重新思考教育。

在本书中,我们对于新技术尽力表现出既不提倡也不反对的立场。相反，我们观察所发生的一切，对于学校教育、学习和技术之间的关系持一种历史的视角。新技术如何影响教育绝非不可避免。事实上，正是在变化的关键时刻，特定个人和群体的行动才会产生最大的影响。工业时代的到来为贺拉斯·曼及其同辈开启了一扇窗户，让他们塑造了今天的美国教育体系。我们发现自己又一次处于这个机会窗口，这里常规学习场所和变革性学习场所之间的斗争正酣。今天有许多具有远见的教育家，他们的梦想并非都能成功，但有少数人会用正确的思想和正确的方法去抓住这个时机，从而改变教育的未来。

第2章 技术热衷者的观点

技术的发展在引发社会和制度变革方面起了关键作用。技术热衷者预言,商业和娱乐领域所经历的涤荡一切的技术变革也必然会发生在学校中。因此,许多教育者和技术人员关于新信息技术将如何改变教学和学习过程已经作出了许多预测。

关于为什么技术会变革学校教育,技术热衷者有两个主要观点。一是世界在变化,因此我们需要修正学校教育,让学生为他们正在进入的这个改变中的世界作好准备。另一个是技术给了我们对学习者进行教育的更强大的能力,学校应该利用这些能力去重塑教育。热衷者认为,接受这两个观点会激进地改变学校教育学生的方式。

变化中的世界

新技术正在改变工作的每一个方面:阅读与网络交互;写短信和发送推特;用表单和统计分析程序进行计算;用数据可视化工具分析问题;创建新的应用程序和社会网络站点;用社交网络和数字视频工具进行市场营销;制作 PowerPoint 等。阅读、写作、计算和思考都是教育经常涉及的方面。

然而学校依然局限于使用 19 世纪的技术,如书本、黑板、纸张和铅笔。

计算机不是学校的核心,他们主要被用于学校中的一些特殊课程,如编程、技术准备课程、商业应用,或者用于基本的计算机通识课程。与现代办公室以及工厂的工人不一样,学生的绝大部分学业都不是在计算机环境中进行的。

技术热衷者认为,试图用 19 世纪的技术来培养 21 世纪的学生,就如同让他们通过骑自行车来学会发射火箭一样。工作和学校中使用的技术越来越不同步,热衷者认为新旧技术之间的这种鸿沟会迫使学校做出调整,将新方法融入到教学和学习的核心实践中去。

我们如何用计算机工具思考

经过几个世纪的演变,技术使复杂的工作对普通人来说变得容易。人类一些最早期的工具,比如车轮和犁等,都被用于种植庄稼、制作布料。工业革命则是由一套新的动力工具驱动的(如发动机和机器),这套工具提高了人类的身体劳动力。当前的知识革命是由一套新的计算机工具驱动的,这套工具增强了人类的心智而不再是身体。正如约翰·西利·布朗所说:

> 工具驱动科学。不是理论,不是实验,是工具。正是这一点使得计算机成为令人难以置信的科学革新力量。例如,计算机能处理海量信息,能设计和制造微型机械,能将分离的技术联入网络,创造具有新性能的新材料,能将复杂交互中的进程可视化,这些彻底改变了革新的速度和本质。(2007:1)

这些新的工具正在将工作的本质从依靠体力劳动转变为培养普通人与复杂系统交互的智力能力。

布朗等技术热衷者认为,有能力的成年人应该掌握计算机工具以便在未来完成任务。许多人类知识已经进入网络。人们需要掌握技能去找到他们正在寻觅的信息,去评价其有用性和质量,去综合他们从不同渠道搜集的信息。基本的文本创作正被多媒体文献的制作所替代,这些文献包括文本、图像、照片、视频、动画、模拟和数据的可视化呈现。

工人需要学会如何使用这些不同的媒体去工作。计算已经从纸笔计算转化成设计表单、处理复杂数据库以及使用统计分析程序。一个名为Wolfram Alpha 的复杂计算机工具,能运行一直到研究生阶段所教授的所有算法,且远比学生所能进行的计算效率高得多。事实上,世界上大多数思维活动,无论是预定航班、控制飞机、探查复杂设备故障、设计新制品,还是探究大量数据来找寻规律、生产艺术品,都可以通过计算机工具来进行增强。在所有对思考和学习极为重要的活动中,它们都是工具性的。

正如工业革命的动力工具拓展了普通人的身体一样,计算机工具极大拓展了普通人的思维能力。没有人能够在未来的世界里不用数字技术就能解决复杂问题或有效思考。新技术在工作场所的出现,通过创造一种依赖技术和革新的文化,将生产活动推向了一个未曾预料的方向。正如印刷使阅读变得必要,货币的引入使数学变得必要一样,计算机技术也在改变我们思考和理解世界的方式。

我们交流的方式在改变

历史上时间跨度最长的趋势之一是从地方社区(*communities of place*)向兴趣社区(*communities of interest*)的转移。传统上说,社区指你居住的城镇和街区。这是地方社区的理念,是直到 17 世纪大多数人相互交往的唯一社区。例如,在中世纪,人们很少旅行,很少与他们出生地 10 英里以外地方的人们接触。人们彼此非常熟悉，整个一生都和那些与自己共享关于世界的经验、价值和信仰的人一起度过。地方社区主要依靠对习俗及情况之间的熟悉，使交流变得丰富和当地化。

兴趣社区，比如科学社团、教师工会、同人小说作家和摇滚乐粉丝俱乐部等，都是作为一种新的交流基础而出现的。他们不被地方性所束缚——事实上，许多社区在全球都有成员。技术使地方社区的边界更加松散。马和马镫开始把人们带到更远的地方，接着四轮马车、轮船、汽车和飞机延伸了距离。书籍和信件开始把关于遥远地方的知识传递给越来越多的人们，既产生了新的观点，又引发了人们对旅行的渴望。电话、收音机和电视机极大地拓展了我们的知识，并加强了我们与世界其他地方的联系。因特网通过双向交流，正在进一步拓宽人们与当地社区以外世界的联系。

让我们想一想 21 世纪初典型的美国专业人士的情况。凯特是一家大型跨国公司的工程师。她与来自许多不同国家（如芬兰、中国、黎巴嫩）的人们一起工作，经常通过电话、电子邮件和视频会议与他们远程交流。她有自己的网站，她从网上得到许多工作所需的信息。大多数时间她都出差到不同地方，与她公司的同事忙着某项具体工作。她隶属于一些专业组织，经常参与全国性（偶尔也参与国际性）会议，顺便看看那些她想参观的地方。她几次调换工作，从一座城市搬到另一座城市。因此，她一路上结识的朋友现在都住在别的地方。她通过拜访他们来保持联系——如当她参加在某位朋友家附近召开的商业会议时，或兴之所至时打打电话，或更新她的Facebook 页面。

但是技术在给予人们很多的同时，也能夺走人们很多。凯特与世界各处的人们进行交流所花费的时间剥夺了她参与当地社区的机会。正如罗伯特·帕特南（Robert Putnam）（2000）所详细描述的那样，她与邻居交往不多，也不属于任何当地社团或俱乐部。她完全可以利用 HelloFresh 用餐，通过 Amazon 购物或娱乐，或运用网络找到当地最好的俱乐部和餐馆。甚至这些工具也只能让她根据自己的兴趣，而不是根据对地方社区共享环境特征的了解，去探索周围的环境。总之，她已经成为了一个与世界而非与当地社区互动的人。从这个意义上说，她正好和中世纪时代的人们相反。

凯特必须通过各种媒体以及面对面的交流和人们打交道。他们有共同的兴趣，但没有共同的背景。事实上，她经常要与来自其他文化背景的人合作，去完成工作项目。交流变得更加困难，因为他们没有同样的背景，与面对面交流相比，媒体交流的渠道经常不够充分。在电子邮件和约会站点中经常会产生误解，就是因为缺乏人们在面对面交流中所依靠的那些提示。

正如米密·伊藤(Mimi Ito)(2008)、凯文·利安德(Kevin Leander)和盖尔·博尔特(Gail Boldt)(2008)所认为的那样，人们现在运用联网的数字媒体进行持续的商业和社会交流。青少年率先运用新的数字媒体，从而使个人交流、工作和学习的边界变得模糊。这些作者认为，掌握媒体数字正在引发一种新的媒体素养，这种素养要求能对文本、视频、图像、音乐和动画制作进行整合。青少年正在设计的网页上充满了以动画形式呈现的计算机图像和声音，他们混合各种图像制作成音乐视频，参与网络聊天和论坛，撰写博客，这种种行为使他们发展出一种学校不会教授的复杂的媒体素养。

培养学生在这个新兴世界中的交流能力，不仅要求学会传统的阅读和写作，还需要他们学会如何运用不同的媒体与那些有不同想法的人交流。有时这意味着阅读来自不同渠道的多媒体文献。有时这意味着通过因特网与不同情境中的人交流，这些情境包括设计项目、协商和问题解决等。因特网交流涉及到短信、电子邮件、社交网络站点、聊天室、视频会议和共享工作空间；学生需要学会在这些不同情境中交流。技术热衷者希望学校能包含各种可能的校外出现的新技术。

用更强的能力去教育学习者

仅仅将计算机放置到学校中并不会产生变革。技术热衷者现在已转向更复杂的实施模式,比如交互性学习环境的设计,来激发教学和学习中的变化。学习环境包括一些计算机程序,这些程序将学习者置于新的情境,给予他们恰当的工具和支撑去学习如何应对这些情境。这些有时是个性化的辅导程序,有时候是几个人一起学习去解决问题,进行调查,设计产品或制造物体。这些交互性学习环境能提供学校不能轻易提供的各种能力。我们下面将仔细思考这些能力,并说明技术人员是如何认识教育演化的本质特征的。

14

即时学习

"即时学习"(*just-in-time learning*)的理念就是无论何时你想学习什么内容来完成某项任务时,你都能找到你想找到的东西。即时学习最基本的例子就是设计良好的计算机程序辅助系统,它会在你解决复杂任务时提供建议。例如,你可以通过修读一门关于股市的网络微型课程去学习股市投资。如果你需要运用一个表单去完成任务,在线表单导师会引导你开始并在你执行任务的过程中提供帮助。如果你想买车,几十个网站会为你提供价格、评论、比较、贸易商地址、租赁费率和抵换价值等。这些例子表明,即时学习能根据学习者的需要和愿望,提供各种需要的内容。

技术热衷者认为,传统学校策略是教会某人未来某天所需知道的一切知识,而即时学习正是与此相反的理念。许多美国人在学校里花费 15—20

年时间学习以后生活中也许会用到也许不会用到的内容。事实上,在过去的 150 年中,我们一直在逐渐对学校教育内容进行拓展,结果现在所教的东西正离它们在真实情境中有可能用得上的时间越来越远。

成年人会忘记他们在学校里所学的大多数知识。菲利普·萨德勒(Philip Sadler)(1987)发现,当他问哈佛大学四年级毕业生"什么引起了月相的变化?"的时候,24 人中只有 3 人知道正确答案。当他问道"什么导致了四季?",24 人中只有 1 人知道正确答案,尽管这在小学或中学已经教过。同样,研究发现,只有三分之一的成年人知道如何在测量系统之间转换,用小时和分钟这样的混合单位进行计算(Packer,1997)。大多数成年人也不会分数的加乘运算,或记得美国内战是何时爆发的。这些都是我们在学校学习过的事实和程序,但由于在日常生活中没有机会应用这些知识,我们中的大多数人忘记了我们曾经学过它们。即时学习试图将所学内容与它在世界中的应用结合起来。当然,它有可能又被忘记,但它总是在需要时可以即时地重新学习。

即时学习所需的技能更多基于技能而不是事实。在技术热衷者看来,培养提出好问题(也许是以 Google 搜索的形式!)的能力比学习许多基本事实更有价值。即时学习背后的观点,是发展学习者在任何地方而不仅仅是跟着教师在课堂里发现恰当信息的各种技能。

用户定制

技术快速繁殖的一个主要结果是能满足个人偏好。人们能从因特网上下载他们想听的音乐以及想看的电影和视频。他们几乎可以在网络上找到他们想要的任何信息。Google、Amazon 和 Netflix 这些网站逐渐采用复杂的数据工具,根据人们的选择,提供给人们接下来想要的各种东西。尽管主要媒体来源依然对我们所见所闻实施着控制,因特网却放松了收音机、电视、出版商对我们信息选择的控制。如果技术知道你的兴趣和能力,它能在你需要它时提供帮助,选择你感兴趣的新闻和信息,用你能理解的术语来解释事情。这种网络技术的个人化依然处于褴褛之中,但随着新技术的成熟,它会变得越来越普遍。

网络已经快速扩张,去包括针对各种可想象主题的众包(crowd-sourced)建议、信息和观点的网站。Google Maps 和 Yelp 会帮助你找到你喜欢的餐馆或售卖你想要东西的商店,上面还有过去顾客的评论。Lyft 和 Uber 会帮你找到代驾。Airbnb 会让你以合理价格找到居住之地。博客的爆炸性增长使任何人可以在网上发布针对时事的想法,同时也提供了一个平台,让具有类似兴趣的人们去分享信息。有线和电信公司也竞相开发各种可行的系统,以便你能够下载任何想要的书籍、音乐或视频。

技术热衷者相信,用户定制提供了改进人们学习的巨大可能性。例如,16查尔斯·斯托拉德(Charles Stallard)和朱莉·科克尔(Julie Cocker)(2001)认为,学习者能有自己基于电脑的个人学习助手,能贮存自己学习历史的记录,以便指导他们的学习。其中有许多学生是通过 Google Classroom 做到这一点的。他们还预测,在数字世界中成长起来的孩子们习惯于在自己的生活中作出决策,他们会要求个性化的学习选择,这个预测似乎也正在变成现实。

有趣的是,在学校里定制学习的压力也正来自于另一个非技术变革——特殊教育。个性化教育规划(Individualized Education Plan,IEP)旨在定制学习以满足个体学生的需求,从而导致制定了反映每位学习者需求的学校学习计划。个性化教育规划象征着课堂教学和学习在远离传统的标准化组织的方向上迈出了一步。一旦技术在学校普及,教师就能加强

IEP 这样的干预活动，将定制的学习带给更多学生。

成人教育的规则之一就在于，你不能教会成人们那些他们不感兴趣或觉得没有意义的事情。和成人一样，年轻人愈来愈不愿意学习别人认为最好的东西。他们想自己决定哪些对他们有价值。他们开始要求由自己决定需要学习的内容。技术热衷者相信，用户定制技术的最终效果将是打破学校课程的大批量生产模式。

学习者控制

与用户定制对应的是更强的学习者控制。新的媒体技术正将控制从集中控制来源转移到用户生产和参与。这有时被称为是从广播向窄播的转移。在过去由少数几家公司——如《时代》(Time)、哥伦比亚广播公司(CBS)和《纽约时报》——控制媒体的生产和发布的时代，内容可以从源头上控制并广泛发布，这样大多数人被简化为媒体消费者。然而，当知识来源变得分散时，许多人既成了生产者，也成了消费者。例如，在有关选举的新闻报道中，fivethirtyeight. com、politico. com、buzzfeed. com 和 realclearpolitics. com 等站点将不同源头的新闻汇聚到一起，同时发布它们自己的观点。这些博客/新闻站点开启了由参与者控制新闻报道的全新可能性。

信息技术延续着自由获得信息的漫长历史。当路德反叛天主教会时，他把《圣经》翻译成德语，这样每个人都能阅读。他认为，每个个体需要能自己理解《圣经》段落。路德的翻译依靠的是印刷术的发明，这使他能把其翻译的作品广泛地发布给人们。事实上，印刷术的发明削弱了教会的权威，开始了将学习内容的控制权移交给人们的长期过程。

人们将学校教育发展为一个制度，将传统的知识传递给社区。教育者通过界定学校课程从而控制了人们的学习内容。标准和评估运动是界定人们应该学习什么的最新尝试。技术热衷者认为，当新技术和它们之前的印刷术一样能让人们控制自己的学习时，人们就能决定哪些对他们有价值，他们想学习什么。他们能决定自己想花多少时间，自己需要什么帮助。他们能更灵活地控制自己的学习。因此，技术的紧要任务是走向更多的学习者控制，学校也在试图控制学生的学习内容，但只能走向失败。技术热衷者相信，当人们决定去控制自己的教育时，学校就会被迫去接受那些使学习者控制变得可能的技术。

交互

新媒体技术的交互性提供了改进教育的各种能力。从电脑游戏的受欢迎程度可以明显看出，交互性非常具有吸引力。甚至是打字指导者和 ABCLearning.com 这样的训练和练习游戏也能吸引孩子们去学习他们本来会觉得枯燥乏味的内容。技术热衷者相信，通过提供更复杂的动态交互，基于电脑的学习环境可能会使教育更加引人入胜。

交互也能让学习者看到他们行动的结果。这样，他们的期望和预见就能被证实或证伪，就能尝试不同的行动路线，去评价它们的相对有效性。Colette Daiute(1985)发现，运用文字处理器的孩子们字写得更好，因为他们能读出自己输入的单词，然而不能轻易读出自己手写的单词。因此，他们能针对自己写得如何而得到即时反馈，运用文字处理器他们也能轻松地修改。参与在线写作活动，如同人小说网站，能让合法读者进入，而这些读者又会挑战作者去改进他们的作品(参见 Black，2008；Ito 等，2008)。

詹姆斯·保罗·吉(2003)用视频游戏进行学习的研究表明，计算机反馈不需要采取简单的奖励或惩罚行动。复杂游戏针对一系列行动的后果或交互策略给了用户丰富的反馈。要想在游戏中取得成功，用户需要理解这些反馈的意义是什么,在以后玩游戏时把他们在这些经验中得出的教训考虑在内。

技术热衷者相信,当学习者得到关于自己行动的即时反馈时,他们更可能学会该如何正确地做事。计算机导师,比如 John Anderson 及其同事(Anderson,Boyle, & Reiser,1985;Koedinger& Anderson,1998)开发的代数和几何导师,在学习者解决问题时,仔细观察他们,当他们陷入困境时给予即时反馈。这些导师在向学习者提供即时反馈方面已经表明比课堂教学更加有效。技术热衷者相信,计算机提供的交互能以一种连学校都必须向之学习的深刻方式改变学生对于学习的期望。

脚手架

开发一个成功的学习环境常常意味着提供脚手架,让学生参与困难的任务。脚手架是当学习者执行不同活动时系统提供给学习者的一种支撑。例如,一个设计用于教授电子故障查排的系统可以将任务结构化,慢慢增加难度,当学生不知道该怎么办时就提供暗示(Lesgold 等,1992)。另外一个设计用于教授多位数加减法的系统,用语音增强的动画去示范数位的进位和借位(Collins,1991)。一个设计用于教授代数操作的系统能执行低层次的任务,比如数字计算,这样学习者就把注意力集中到决定该干什么的高层次管理任务上(Brown,1985)。脚手架采取不同的形式,使学习者能执行超越他们能力的任务。在设计得最好的系统中,当学生需要越来越少的支持,能自己执行任务时,脚手架会自然撤出。

技术热衷者相信,由于如此多的学生需要支持,教师不可能有时间提供个性化的脚手架支撑。而在学校里为学业而挣扎的学生有时候不太愿意寻求帮助,以免被打上后进生的烙印。最近让教师对学生的需要进行评估,在此基础上提供不同种类课程的运动，正是向提供个性化脚手架支撑的方向发展。但即使这种区分得当，当教师们挤出时间辅导个别学生时，却是以牺牲其他学生需要的时间和任务为代价的。

计算机提供的个性化脚手架不会批评学生，也不会让别人知道该学生需要帮助。将一些教学任务分载到设计良好的计算机导师身上，可以在学生需要的任何层次上支撑学习。

游戏和模拟

计算机能让技术人员创造出一些情境，学习者在模拟环境中被给予任务，这些模拟环境能体现学习者以后在真实世界中需要使用的知识和技能。模拟允许玩家去实践危险的行为，却不会产生过多真实世界的后果。通过模拟，学习者也需要诊断疾病，查排发生故障的线路，或者合成电视新闻节目。

在模拟设计的早期阶段，罗杰·尚克（Roger Schank）及其同事（1994）就建造了一个系统，让学习者决定某对夫妇是否会生出有基因疾病的孩子，以此来教授遗传学。为了给夫妇们提出建议，学习者必须发现不同的基因组合如何导致了疾病，然后进行测试去决定父母亲的基因组成。系统中有脚手架去支撑学习者，比如有专家录音提供建议。其他模拟在各种挑战性任务中支撑学习者，比如解决一个环境问题，或合成关于某项历史事件的新闻广播。这些模拟能够将认知技能和知识嵌入到它们今后会被使用的情境中。因此人们不仅学会了他们需要的基本能力，而且也学会了何时运用以及如何运用这些能力。

克里斯·戴德（Chris Dede）及其同事（2004）开发了一个叫作《河城》（*River City*）的模拟环境，在此环境中学习者引导一位天神在城市中穿行，试图发现人们生病的原因。该城中有三种疾病在肆虐：一种是经水传播的，一种是由昆虫传播的，还有一种是传染性的。学习者可以询问他们遇到的人们都知道什么，巡查医院记录，向卫生工作者提问，搜集关于昆虫和水质的数据，然后进行测试，观察他们试图纠正一个问题时会发生什么事情。这要求学习者系统地搜集数据，形成关于什么会使人们生病的假设。

技术热衷者认为模拟是让学习者探索新情境的关键。模拟允许学习者去尝试不同的行动路线，观察他们选择的不同结果。也就是说，他们可以问"如果不这样，会产生什么结果"这样的问题，探究问题的不同解决方案。这样，学习者获得考虑不同可能性的能力和应对突发事件时的灵活性。这种真实性任务强迫学习者去思考该怎么办。他们允许学习者在新情境中承担责任，这在学校里基本是不可能的。这些情境可以被结构化，从而使简单的任务可以先于更难的任务出现。

视频游戏运用了真实世界的情境，让玩家扮演新的角色，参与到日常经验之外的冒险中。詹姆斯·保罗·吉(2003)描述了视频游戏如何将玩家带入与日常价值观和自己信念相冲突的角色中。比如，在《星际争霸》(Starcraft)和《远古防御》(Defense of the Ancients，DOTA)这些游戏中，玩家扮演复杂战争中不同的势力。为了在游戏中取得成功，玩家必须理解冲突的每一方拥有的资源和能力，然后交换角色，站在敌人一方看待问题。这种角色转换给了玩家从多元视角看待冲突的难得机会。

当玩家们在在线游戏中互动时，这些模拟的限制条件呈现出新的维度。大型多人在线游戏(MMOGs)，比如《魔兽世界》(World of Warcraft)，允许玩家在实行市场经济和社区自我管理的复杂模拟世界中创建人物和资源。这些游戏的生命力依赖于玩家们共同创立他们所居住的世界。这种交互性的世界创建需要各种必需的社会行为以确保游戏的成功。康斯坦丝·斯坦库勒(Constance Steinkuehler)(2006，2008)的研究指向的是这些环境如何要求高级玩家运用科学推理和复杂的领导技能去取得成功。MMOGs 使视频游戏更接近真实世界的交互，并指明了未来虚拟世界中交互行为可能的结构方式。

电脑游戏也擅长于提供脚手架，让玩家轻松地进入复杂任务情境中。《文明》和《炉石传说》(*Hearthstone*)这样的游戏会把繁忙的界面进行简化，好让玩家掌握游戏的基本步骤，随着他们的技能提高，再向他们介绍更多的选择。技术热衷者认为，这些游戏的设计原则可以被修改去组织更传统的学校内容的学习。

尚克、戴德、吉和斯坦库勒这些技术热衷者认为，用游戏和模拟来学习，会使学习变得更加有趣。任务可以设计得非常有吸引力，对于学生来说，运用这些知识的条件也很清晰。热衷者认为这正是学校存在的问题，因为在学校中学生们学习的是他们根本不知道该如何运用的一些东西。

尽管追求创新的教师经常会找到一些方法，将学习镶嵌在有意义的任务中，但绝大部分学校教育就像是用如下的方式学习打网球一样——学习者被教会规则，并练习正手击球、反手击球和发球，却从来没有打过网球或看过网球比赛。学生们学习了代数和句子的语法分析，却不知道代数和语法分析在他们的生活中有何用处。那可不是网球教练教你打网球的方法。教练会首先向你演示如何握拍和挥拍，但很快你就必须击球和比赛了。好的教练会让你在打比赛和练习特定技能之间来回交替。教授技能的关键思想，是把对完成真实任务的重视与对完成任务所需基本能力的关注紧密结合起来。尽管学校中很难重新创造用到数学和写作的真实任务，但技术热衷者认为模拟能让学生体会到为政治竞选进行写作或桥梁修建是什么样子。

尽管将技能和实际结果结合起来是将模拟课程应用于学习的一种方式,但模拟表明,浸润在复杂、挑战性的环境中本身就是非常宝贵的学习机会。例如,绝大多数视频游戏的内在吸引力不是源于可能的实际结果,而是源于在规则控制的世界中相互竞争所带来的引人入胜的魅力和持续的挑战。在描述最佳体验的心理时,米哈利·森特米哈伊(Mihaly Csikszentmihalyi)(1990)将"心流"("flow")描述为一种意识状态,在这种状态下行动者和活动的区分由于沉浸在引人入胜的任务中而变得模糊。尽管家长们因孩子在视频游戏上花费了成千上万个小时而提出批评,玩家们却说这些模拟创造了心流似的体验,这些体验构成了有价值的学习机会。

让我们设想一下同一位学生做中学数学作业和玩《疯狂橄榄球》(*Madden*)视频游戏时的对比。解答数学题经常是折磨人的任务,它要么脱离于运用,要么脱离对数学"大概念"的理解。数学作业的主要目标是将题目解答出来。然而,在玩《疯狂橄榄球》游戏的过程中,这位学生会应用同样的分析技能去维持一个工资上限,预测未来球员的表现标准,计算成功的可能性,并归总球队花名册。游戏的这种心流状态将技能的发展和运用结合在一种无缝对接的经历中,但不幸的是,这种心流状态使得游戏通关所需技能的复杂性不易被人们察觉。技术热衷者认为,因为学校清晰地勾勒了复杂学习所涉及的次级技能,所导致的学习环境限制了心流出现的机会。能通过自我导向的探究去自由地了解复杂世界的限制条件,是一种超越我们当前学校教育体系的学习能力。

多媒体

将印刷文字、视频和音频整合到多媒体展示中,提供了一种交流信息的新机会。许多作家曾试图描述由于印刷机的发明使社会从传统口头文化向印刷文字主导的读写文化转变所具有的特征（Eisenstein，1979；Olson，1994；Ong，1982；Postman，1982）。普及性学校教育是印刷机带来的产物，因此，教育主要聚焦于读写思维的主要产物——也就是阅读、写作、历史、数学和科学（Eisenstein，1979）。

技术热衷者指出当代也有一个与上述规模相似的转型，这一转型是随着新兴通讯技术的繁盛而发生的，包括视频、计算机、因特网、视频会议等，所有这些都融进一个巨大的网络，能触及任何人任何地方。亨利·詹金斯（Henry Jenkins）（2008）描述了新媒体如何引发了"文化趋同"（cultural convergence），它融合了公民和消费者的角色，重塑了人们进行娱乐、工作和学习的方式。人们不再是信息的接受者，而是将媒体变成了表达技术。我们正从仅仅"少数人拥有媒体为多数人服务"发展成"许多人拥有媒体为多数人服务"（Tyner，1994）。即使大众传媒正变得更加集中，但因特网媒体却正变得更加多样化。人们正在增加新的观点和与这个世界交流的新颖方式，这可以从博客和社交网站的快速发展中看出。当我们进入数字文化时，这些新的媒体很可能像印刷术那样产生深远的影响，特别是在教育方面。

不同媒体有不同的优点和局限（Norman，1988）。例如，视频比文本更容易传达意义和情感，但往往是直接从头看到尾，不停止也不回放，这就使它不那么有利于学习。另一方面，计算机以文本和视频所不能的方式支持设计、模拟和问题解决。技术热衷者认为，所有这些不同的媒体都能在学习环境的设计中起作用。这些不同的媒体能促进学习，因为它们可以满足不同的学习风格和学生能力，是能使用这些学习材料的最合适媒体（Collins，Neville, & Bielaczyc，2000）。

23

交 流

学校内的学生作品经常面临着一种人为的阻碍,那就是它们只在教室范围内是正当合法的。如果学生作品只有教师能够看到,学生就不能体验将他们的作品展示给公众所得到的那种真正反馈。在最初学习一门学科时,将学习与外部评论隔离是有意义的。但技术热衷者相信,当学生作品成熟时,学生需要机会在教室外的合法情境中展示他们的学习。因特网的发展使学生作品能更广泛传播到世界各地。网络是第一个实现开放获取资源的大众媒体,因此任何人都可以将自己的作品发布在一个全球范围内的读者都可能看到的地方。这能够提供强烈的动机,让学生们创造出大量对社会有意义的作品。

YouthRadio.org 是一个获奖网站,它提供机会让年轻人通过新媒体报道时事问题。青年电台(Youth Radio)已经培训了成千上万在媒体制作和相关职业方面有潜力但过去却没得到充分挖掘的学生,为年轻人的观点提供了一个广播渠道。这个站点包括用户创作的选举和政治报道、将当前故事和标明的地理位置连接起来的 Google 混搭作品、在因特网上报道的重大事件(例如,新流行的 YouTube.com 的视频)、为三个 Youth Radio 电台提供的音频材料。新媒体的制作功能提供了渠道,使用户创作的作品能得到合法的公众曝光和监督。Youth Radio 的故事每年通过全国公共电台、iTunes、CNN.com 和 YouthRadio.org 站点传达给数百万的听众。

公民科学是学习者如何通过在线共同体参与真实实践的另一个典型例子(参见 Bonney, Phillips, Enck, Shirk, & Trautmann, 2014)。公民科学让学习者参与简单任务,帮助建立由实践科学家进行分析的数据库,去探究真实问题。例如,2002 年通过康奈尔大学鸟类实验室和美国奥德邦协会发起的 eBird 项目,让用户"记录你看到的鸟儿,跟踪你的鸟类清单,探究动态地图和图片,分享你目击的一切,加入 eBird 共同体,促进科学研究和鸟类保护"(eBird. org)。它为田野使用的动态平台提供支撑,每月一次提供挑战,识别"月度电子鸟"。2012 年,整个北美大陆共进行了 310 万次鸟类观察,超过 90 篇同行评审文章和著作章节引用了来自 eBird 的数据。

在 eBirds 网站利用其业余观鸟者和专业观鸟者的位置去创造一幅庞大的生物多样性资源地图的同时,其他项目,如星系动物园(Galaxy Zoo)和 Foldit 游戏,也能让学习者参与天文学和生物学学习。比如,行星猎人显示了来自开普勒卫星的图片,让用户在星星的光曲线中寻找简单的倾斜,标出一颗凌星行星。如果很多用户标出的是同一颗星星,科学家就会来进行审看。原始数据的产生,偶然或合作的发现,来自公民科学项目的解决方案,这些都说明了所参加活动的真实性。公民科学项目可以帮助重新界定什么叫"进行科学研究"。

技术热衷者认为,因特网提供了许多让学习者探究新身份的不同场所。学习者能在由来自不同地方的参与者构成的在线社区中承担不同角色。人们撰写博客和参与社交网站的一个主要动机是有机会公开表达自己,让其他人能够看到。将你的想法、偏好以及创造性表达出来,能使其他人认同你为可能的朋友,或者能让你接触到那些来自与你喜好不同的人的批评。不管在哪种情况下,参与者都了解到了他们真正的想法,并通过公开表达自己来获得自我意识。

这些不同的场所为人们能同自己圈子以外的人交流提供了理由,因此也为读写活动以及创作多媒体演示来表达自己提供了有意义的目的。尽管由于安全问题限制了一些学校去公开学生作品,但技术热衷者依然指出,技术提供了使这些作品通向外部观众的渠道,而这些外部观众能为学生们提供合法的情境,让学生们从别人对自己作品的看法中学习。

25

由于学生在开发新交流模式方面处于领头地位,技术热衷者认为让学生们率先将新技术整合进学校是有意义的。学校中培养基于兴趣的共同体的设计方案可以使学生将他们的技能用于新的探索中,从而激发学生动机。技术热衷者认为,这些技术的存在可以推动学校去接纳这些新媒体所带来的解放可能性,而不是通过可接受的使用政策限制它们的使用。

反思

当学习者回首他们在某种情境中的实作表现,并将他们的表现和一套标准或其他表现,比如他们自己以前的表现或专家的表现,进行比较时,反思就发生了。作为儿童和成人学习过程的一个至关重要的方面,反思得到了很多关注。唐纳德·舍恩(Donald Schön)(1983)表明针对实践的系统反思对于许多进行复杂活动的专业人士来说至关重要。反思可以强调实作的关键方面,鼓励学习者去思考是什么构成了好的实作,以及他们在未来如何改进。

反思可以采取如下三种形式,且都可以通过技术来增强效果:

● **对你完成任务的过程进行反思。**因为技术能够记录实作表现,人们就能回看他们是如何完成一项任务的。这能让他们反思自己所作出的决定的质量,思考下次如何能做得更好。

● **将你的实作表现与专家的实作进行比较。**一些基于计算机的学习环境能让学习者将自己解决复杂问题时的决定与专家的解决方案相比较,这样他们就能看出他们该如何做得更好(Collins & Brown,1988)。

● **将你的实作表现与一套评估实作表现的标准进行比较。**计算机系统能让学生根据一套评判优秀实作表现的标准来评价自己的进步。例如，Barbara White 和 John Frederiksen(1998，2005)运用一套包括八个项目的标准，如理解的深度和创造性，来评价他们在科学项目中的表现。和那些执行了相同任务但没有以同样方式反思自己实作表现的学生相比，这些学生的进步要明显得多。

技术热衷者认为，技术将反思机会嵌入到学习环境中，从而为学生创造了真实的机会去逐渐改进自己的表现。运用追踪学生学习的技术，能使对他们实作表现的回顾变得更加可行。

技术热衷者对学校教育的看法

在技术热衷者看来，计算机环境使学校教育的革命有可能像工业革命引发的文化变革那样影响巨大。他们更赞同一种建构性的学习路向，其中绝大部分学习任务由学生而不是教师来完成。

在西摩·佩珀特(Seymour Papert)(1980)的经典著作《头脑风暴》(*Mindstorm*)中，他将那些学员集合起来准备里约热内卢狂欢节的桑巴舞学校描述成一个隐喻，来刻画学校应该是什么样子。整个社区，无论老幼，都发动起来，在长达几个月的时间内，一起制作彩车，准备盛大娱乐活动。孩子们以力所能及的方式帮助大人。无论是在大人还是孩子中间，都有很多学习在此过程中发生，那些更能干的人教会那些不太内行的人如何完成各种任务。这是最理想的学徒制，每一个参与者都有共同的目标，即让那些观赏彩车的观众感到愉悦，并赢得竞争。这是关于学习的一种愿景，是佩珀特希望看到在学校中实现的富技术环境中的学习。

在技术热衷者看来,学校可以更像富技术的工作场所。学生在强大的计算机工具的帮助下合作完成有意义的任务。其中有许多任务将他们带入共同体。他们可以设计和建设自行车路线,调查当地湖泊溪流中的污染,为企业建设和更新网页,为社区有线电视开发程序,或运用 Google Map 工具为城镇进行规划。

交互性学习环境也能提供情境,让学生超越他们在共同体中所实施项目的范围,应对真实世界的问题。他们将关于当前时事的新闻广播汇集起来,分析 DNA 序列去寻找遗传性疾病,制作物体在空间中运动的动画以教会其他学生牛顿运动定律,等等。总之,技术能为学生应对复杂问题提供支持,这即使不能超越绝大多数教师的能力,至少也是绝大多数学生力不能及的。

许多技术热衷者的一个主要动机是对当前教育不满。他们遵循杜威的理念,即学生应该积极参与学习,相互分享知识,而不是相互竞争以获得好的分数。和 20 世纪的进步主义改革者一样,技术提倡者不喜欢传统学校的某些方面,如学生应该静静坐着听教师讲课,记住教师和书本给予他们的信息,在考试中又把这些信息依样复述出来。他们认为这摧毁了大多数孩子的好奇心和学习欲望。

技术热衷者认为,这种教育所生产出的失败者要多于成功者。事实上,那些在这种高度竞争体系下不够优秀的学生最终会以各种方式退出,这一点正变得非常明显。进步主义教育家试图运用各种传统方式去重新设计课程,进行教师培训,以改变教学和学习,而技术热衷者相信计算机能为那些在学校中失败的学生提供浸润性的、定制的、适应性的学习机会。在技术热衷者看来,其中的挑战在于如何将技术嵌入学校的核心实践中。

技术热衷者将学校想象成学生努力完成真实任务的场所,大人们起着支持性作用,引导他们进行新的活动,在他们遇到困难时提供帮助。然而,研究那些改变学校教育的努力如何失败以及为什么失败,是一直以来的传统。技术怀疑论者认为学校缺乏资源、培训和技能去改变教学和学习的根本实践。即使有了新的数字技术这样的革命性工具,学校也一直顽固地抗拒着改变。在下一章,我们转向技术怀疑论者视角,去理解为什么学校教育的结构经常能阻抗新媒体技术带来的前景。

第3章 技术怀疑者的观点

戴夫·索恩伯格（Dave Thornburg）和戴维·德怀尔（David Dwyer）这两位主要的技术热衷者收集了美国教育史上的许多引言，来概括对新技术的抵制。它们反映了技术热衷者是如何看待学校改革中所遇到问题的。他们认为学校总是抵制变化，哪怕这种变化毫无疑问会对学生的学习带来好处。【引言前6条引自 Thornburg（1992）】

- 来自于一位校长 1815 年的出版物："今天的学生过于依靠纸张。他们不知道如何在石板上写字而不让粉笔灰洒满全身。他们不知道如何正确清洗石板。如果他们把纸张都用完了，该怎么办呢？"

- 来自 1907 年《美国教师学会杂志》："今天的学生过于依靠墨水。他们不知道如何用铅笔刀削铅笔。钢笔和墨水永远不会代替铅笔。"

- 选自 1928 年出版的《美国乡村教师》："今天的孩子依靠商店购买的墨水。他们不知道如何去自己制作。当他们用完墨水后，他们就不能写字或做算术，除非他们下一次到那个地方去买。这是一则关于现代教育让人感到悲哀的评论。"

- 来自 1941 年出版的《家长教师协会公报》："今天的学生依靠这些昂贵的自来水笔。他们再也不会用笔和笔尖写字了。我们做父母的不应该让他们沉迷于这种奢侈,因为这会妨碍他们学习如何在并不那么奢侈的商业世界里应对各种事情。"

- 来自1950年出版的《联邦教师》:"圆珠笔会毁掉我们国家的教育。学生们使用这些工具,然后扔掉。美国人注重节俭和简朴的价值观正被抛弃。商业界和银行业永远不会允许这种昂贵的奢侈。"

- 来自1987年《明日苹果教室记事》中记述的一位四年级教师:"如果学生交上来的论文是在电脑上写的,我会让他们用笔重写一遍,因为我不相信他们是自己在电脑上完成作业的。"

- 来自1988年《明日苹果教室记事》中记述的一位科学展裁判:"计算机给了学生们不公正的优势。所以,凡是应用计算机分析数据和进行展示的学生将在科学展上被淘汰掉。"

这些观点解释了教育者和当代技术之间的长期斗争。每有一位对信息技术改变教育的可能性感到兴奋的研究者、教师和政策制定者,就相应有一位对学校中运用技术的可能性或价值提出质疑的怀疑者。许多在学校中工作过的人都曾指出这个体系顽固地抵制着对其核心实践的变革。怀疑者认为,学校中计算机的出现带来了风险,要么把丰富的课堂教学和学习简化为最可预见的机械学习,要么为了商业媒体的利益而误导学习经历。无论是哪种情况,学校保守力量都会保护教学和学习的核心实践,免受新媒体分散注意力(甚至危险的)后果带来的影响。

我们不能简单宣称说"教室赢了",而应把这个斗争当做一扇窗口,检视学校如何以及为什么会抵制过去的技术,以及我们在第2章所讨论的新技术是否在未来会遭遇同样的命运。本章所描述的几位主要技术怀疑者的论点表明,正如电视这样的早期技术从来没有以技术热衷者所预想的方式被学校加以利用一样,新技术永远不会是学校教育的中心。

原 地 踏 步?

长期以来,技术热衷者预测学校教育将由于技术的革新而发生巨大的
31 革命。拉里·库巴(Larry Cuban)(1986)就描述了收音机、电视和电影胶片
应如何改变学校教育。但无论是何种革新,它们对于学校的教学和学习中
心实践都影响甚微。现在技术热衷者预测,交互和用户定制使计算成为一
种和这些早期技术在本质上截然不同的革新。库巴(2001)后来表明,计算
机对学校教学和学习影响不大。他指出,不把学校常规和组织考虑进去的
技术革新对教学将不会有太大效果。那么是学校的哪些方面使技术驱动的
革新变得困难呢?

公立学校是适应力相当强的机构。事实上,公立学校教育的组织和扩
张完全可以证明是美国对世界文化最有价值的贡献之一。从历史的视角来
看,政府资助的大众学校教育传统还是一个相对较近出现的现象。尽管国
家为年轻孩子提供教育机会已经持续了将近两个世纪,然而,大多数青少年
是直到 20 世纪 40 年代才开始普遍拿到高中文凭的(Powell,Farrar,&
Cohen,1985)。公立学校体系的相对稳定掩饰了这个体系对变化的接受程
度。美国学校体系经历了 19 世纪末和 20 世纪初的伟大变革,但从那以后
就建立了一个稳定的结构。在这段不长的时期内,公立学校已经合并成了
一个在多种环境下都能兴旺发达的充满活力的系统。

这种学校模式被雷蒙德·卡拉汉(Raymond Callahan)(1962)称为"工
厂模式",被玛利·海伍德·梅茨(Mary Heywood Metz)(1990)称为"真正
的学校",被戴维·泰亚克(David Tyack)(1974)称为"最好的体系"。这种

模式在课堂、学校和学区层面上对学校进行组织和控制,将教学标准、课程标准、评估和行为标准整合进综合性的一揽子实践和期望中。

学校基本上是围绕着同龄学生班级组织的。每个班级通常有一位教师和大约15—30名学生。在低年级,往往由一位教师引导学生学习所有课程。在高年级,学生们从一个教室移动到另一个教室,这样教师就能专注于自己的学科领域。在典型的学校里,教师是一位专家,他的工作是通过讲课、背诵、操练和练习,将他的专业知识传递给学生们。课程详细说明学生该学什么,以什么顺序学。尽管个别学校会作出努力去定制和排列课程,但对于学生什么时候学习什么内容,还是有明显、广泛的一致意见和期望。四年级的学生学习分数除法,中学三年级的学生学习大萧条。教室里进行测试,以断定学生是否学会了讲授的内容,如果学会了,他们就能升入下一个年级,并得到一个关于他们所修读过的课程和获得的成绩的记录。

在每所学校每个学区,教学系统的这些特征交织在一起,形成了一个复杂的系统。随着学校体系不断演变,其组成部分开始相互依靠。这些年来,该系统的不同成分共同作用,达到了一个均衡状态,这个状态反映出了各个组成部分之间达成的平衡。例如,课堂教学的一般技术使学校能够采纳一种让师生在教室之间灵活移动的设计。这反过来强化了日程制定技术,这些技术几乎使得具体教学技术不能起到作用。均衡状态的建立并不意味着这个系统停止了运动。相反,这意味着系统的各个组成部分实现了平衡,学生人数与学校位置等系统要素的变化并不会改变系统各个组成部分的基本安排。复杂系统一旦建立,就很难让其失去平衡。

各种实践之间的适应源于拉里·库巴多年来所称的"情境限制的选择"(1984:260)。库巴认为教师和领导者的选择在以下方面受到限制:1)学校和课堂结构;2)为回应结构的稳定而出现的教学文化。在他看来,这些方面共同作用,限制了实际层面向学校的革新的范围。这种系统组成部分之间来之不易的内部平衡为许多学校的教学和学习提供了一个舒适的、经过良好检验的环境。时间一长,这种观念逐渐在教师、家长、学生和学校领导中达成共识(并被他们所捍卫)。变革对课程控制年度教学计划或课堂中师生默契的方式构成了威胁,面临着实施中长期而艰难的战斗。这是因为当复杂系统处于平衡时,改变系统的一部分常常导致其他部分回推去恢复最初的平衡。

33 简·戴维(Jane David)(在与我们的私人交流中)把连锁和自给自足的学校体系描述成一个七巧板拼图。不仅现有的每块拼图相互依靠,而且新的拼图也只能符合之前实践所形成的缺口和轮廓。例如,实施一门新的数学课程就要承受普遍盛行的学校教学、评价和课程实践的压力。教师也许缺乏训练或意愿去改变教学以适应新的课程,这也许意味着会有更多学生成绩考试不及格,从而使家长吵闹着要回到旧的课程。现有的教学体系以可预见的方式适应新的课程。教师会把新课程当做是对他们常规教学实践的外来入侵,会试图将其嵌入这些常规实践中。即使有专业发展和监控,绝大多数教师也知道,一旦进入教室,他们就可以按照他们所喜欢的方式教学。因此,一个高度发达、复杂的制度体系总是原地踏步,很难改变。

  引导一个系统的技术会和它们引导的实践一样难以改变。收音机和电视这类要求对教学实践进行基本重新配置的技术被边缘化,从而使学校组织在文本媒体的基础上得以保留。戴维·科恩(David Cohen)(1988a)认为,如果技术很灵活,它就能调整自身去适应这个系统;如果技术不灵活,它就会被忽视或滑向边缘。这里,信息技术的灵活性与其在体制实践中蕴含的变革力量相冲突。

  尽管计算机能开辟新的教学和学习方式,它们也能被用来代替学校里的打字机和档案柜,以保存一种硬拷贝文化(hard-copy culture)[1]。学校开设"编码"和"计算机素养"之类的课程,不仅教授学生新的技能,而且把计算机摆在了"恰当"的位置。这些课程在告诉学生,"计算机是有用的,但你能在一两门课中学会所有你了解它们所需的知识。"

为什么教育改革会失败

学校并没有成功教育好所有学生。改革者已推动学校去变得更加包容,更敏捷地做出反应,更具有挑战性,更具责任感。长期的教育改革运动推动学校去承担责任,变成社会和经济进步的主要手段。美国学校教育和改革的这些传统变得如此相互紧密联系,以至于学校教育的历史变成了学校改革的历史。然而,尽管早期学校的基本组织是为了回应改革努力发展起来的,但最近许多改革者已经因为学校对变革似乎很顽固的抗拒而感到沮丧。

戴维·科恩(1988b)认为,学校教育如此难以改变的核心原因是教学和学习实践的本质。他将诸如心理疗法、护理之类的专业教学看作是"人类自我完善的实践"(1988b:55)。这些努力都试图劝说客户通过遵守该专业的既定实践去改善自己的健康。教学是"活生生的证据,让我们相信……一直困扰人类的问题会屈服于组织化的知识和技能"(1988b:56)。自我改进很难,即使是在最好的条件下也是如此。

不幸的是,学校中的教学未能向人类提供改进类似实践所需的组织支撑。在学校中,教师很少有机会选择客户,客户很少有机会选择教师,客户

1　hard-copy,译为"硬拷贝",指把资料用打印机打印到纸张上面;与之相对的 soft-copy(软拷贝),指把资料以电子形式拷贝在记忆体中,通过屏幕显示出来。——译者注

经常不愿意学习教师所教的知识。因此,教师不愿意放弃那些从组织教学和学习的小胜利中艰难得到的收获。这种收获,经常以李·舒曼(Lee Shulman)(1986)所说的"教学法内容知识"形式呈现,包括了老教师宝贵的实践智慧。因此,科恩得出结论,教学不可避免是一种保守的实践。当这种保守的实践嵌入那些保护教学免受系统性变革影响的机构中的时候,它会被保守的机构进一步强化。教师花费多年才适应了学校的传统体制,因此很难让他们去实施那些发生了根本变革的项目。

为了应对革新性的技术而不影响传统的教学和学习,学校教育的组织结构发展出了三种策略:谴责、增补和边缘化。首先,谴责这些技术。例如,在 20 世纪 50 年代,教育电视的早期发展促进了革新性的节目制作,来为已有的 K-12 学校提供补充材料。然而,美国教师联合会把这些新技术看成是对教师专长现有投入的一个威胁,声称"我们坚决反对用电视进行大众教育以代替专业的课堂技术"(Levin & Hines,2003:265)。媒体评论者认为新技术完全应该受到谴责,因为它们使学生的思想在学习和玩耍之间来回挣扎。许多学校主要针对新技术的危险而不是它们的潜力做出反应,其实行的"恰当使用"政策就是这种预防精神的明证,它们直接禁止新技术,认为新技术会对现有的教学实践构成危险。

第二,增补一些技术。增补的这些技术必须能支持现有课程结果和教学组织,并能容易地结合进教学项目中。操练程序可以用来支持现有的数学课程。同样,计算机自适应学习系统,通过课程中难度逐渐增加的学习机会,能强化数学、科学和社会科学的学习目标。正如我们将在第 5 章要讨论的那样,运用这些系统的学校可以为那些在传统课堂材料中挣扎,以通过学业考试的学生提供补救性的帮助。

第三,将技术边缘化。感兴趣的教师也可以和志趣相投的项目提倡者以及学生合作,在一般学校情境之外创造创新性精品项目(Powell,Farrar,& Cohen,1985)。通过增加新的精品项目,拓展现有体制的范围,中学得到了发展。增加或剔除体制中一些可分离元素相对容易,如增加计算机课程或淘汰艺术课程。然而,改革者不能改变教育的组织本身,即教师把自己的专业知识传递给学生,然后对学生进行测验,看他们是否学会了课程。建立更加以儿童为中心的教育改革只带来了较小的变化,而且主要是在更灵活的小学教育领域内。

当代对 K - 12 教育中标准化课程和评价的需要,使基于信息技术的新教学说明的采用变得更加不可能。在许多州,学习标准既针对基本技能的发展,又针对学科内容的广泛覆盖。随着许多学校中问责压力的增加,许多努力都是针对练习技能和学习规定的内容。由于强调对传统技能和内容的高利害测量,因而并不鼓励教学实践中的广泛创新。

计算机和信息网络会培养一些技能从而提供学习上的优势,但围绕这 36些技能来重建教育的理念与对现有技术的保守依赖相互违背。迈克尔·拉塞尔(Michael Russell)和沃尔特·哈尼(Walter Haney)(1997)已经表明,学生利用计算机进行写作,计算机写作测试成绩确实有所提高,但纸笔写作测试分数会降低。这是因为在计算机上写作的过程与在纸上写作截然不同。学校致力于改进考试分数,与学校将技术用于更加冒险的学习的能力是相违背的。

在学校中使用技术的障碍

尽管学校作为组织机构塑造了技术工具以服务于现有的教学目标,但也有许多其他的障碍阻止技术在学校中的使用。

成本与可得性

即使学校在计算机和网络上的开销下降了不少,但成本依然阻碍着这些技术成为学校教育的中心。凯瑟琳·诺里斯(Cathleen Norris)和埃利奥特·索洛韦(Elliot Soloway)(2003)认为,要想使技术真正渗入教学,学校中学生和计算机的比例应为1∶1。越来越多的学校都已在自己的计算机配备政策方面接近这个比例。2008年,美国的学生与教室中的计算机比例为3.1∶1,而从那以后由于学校购买Chromebooks和平板电脑出现了爆炸性增长,许多学校的这个比例已经接近于1∶1(NCES,2015)。

然而,许多研究表明,即使计算机设备在很多学校已经就位,但许多教师在改变自己的教学实践方面非常缓慢(Herold,2015)。对于许多学生而言,通过Google Classroom完成作业和进行交流已经是家常便饭,然而,许多学生与学习的互动局限于计算机的这些基本用途。拉里·库巴(2013)对技术丰富的诸多硅谷学校的研究发现:

> 除了少数教师以外,(学校中)大多数教师依然采用自己熟悉的教学方法:讲授式教学、讨论,加上偶尔使用一下技术设备,如投影仪、视频和计算机。(2013:29)

我们不知道计算机的易得和"带好自己设备"(BYOD)政策的采用是否能开始将教育实践引向更有雄心的教学。但技术怀疑论者认为,设备的易得目前并未导致教学变革。

教室管理

即使那些拥有电脑资源的教室也为教学带来了问题。戴维·科恩

(1988a)指出,既然整个课堂教学在学校中处于主导地位,那么将电脑放在教室内会造成棘手的管理问题。教师一次只能让几位学生在电脑上学习,而同时要和其他学生一起上课,这会带来纪律问题,教师必须适应把课堂分成不同学习小组的做法。电脑带来的这种个性化学习会妨碍许多教室中常见的群体教学。如果使用电脑的学生一起合作学习,会发出噪音,干扰其他学生学习。那些没有在电脑上学习的学生经常会觉得自己受到忽视。大多数传统的教室往往空间不够,最多只能容纳几台台式电脑,重新设计教学空间所需的资源也往往不足。尽管笔记本电脑和平板电脑可以解决空间问题,但偷窃和损坏这两点阻碍了电脑的使用。把电脑放置于实验室会使机器的管理更容易,但将学生带往实验室意味着把课堂材料放在一边,还要和其他班级竞争更多的使用时间。

除了空间问题以外,在用电脑学习时也存在着时间和教学问题。大多数 K‐12 班级每课时只有 45 到 50 分钟。使用电脑的启动成本,例如开机、安装软件需要时间,还要将学生安置好,这些都迫使教师缩减真正的教学时间。将学生带往实验室消耗的时间更多。除非任务都是短时的,如操练和练习系统提供的任务,否则在分配的时间内很难做太多事情。

电脑不能教的东西

38

关于电脑的局限,尼尔·波茨曼(Neil Postman)(1995)曾经有个很有说服力的论点,深得许多教育者的认同。这个观点指出了阻碍电脑在学校中处于主导地位的一个主要原因。波茨曼引用了罗伯特·富尔格姆(Robert Fulghum)(1989)在《所有我真正需要知道的在幼儿园已经学过了:针对平常事情的不平常想法》一书中所列举的我们在成长过程中必须学会的很多教训:"分享一切,公平竞争,不冲撞别人,拾到东西物归原处,整理好自己的东西,进食前洗手,当然是冲洗。"(Postman,1995;27)。他本来还可以加上很多其他知识,如仔细倾听,清楚有力地表达自己的观点,尊重成人的权威。这些都是孩子们从电脑里永远也学不到的东西。而且,正如他所指出的,这些是我们花了许多年学会的技能,而学校是我们学会其中绝大多数技能的地方。

教师将许多东西带入学习过程中,这是电脑永远不可能比得上的。最好的教师激励学生去相信自己,努力学习以实现目标。他们开发了孩子身上那些家长和孩子本人可能永远也看不到的可能性。他们挑战学习者的已有信念,鼓励他们考虑其他方式并付诸实践。在教育者们看来,电脑不过是内容的分配者,而内容并不是孩子们成长过程中要学习的最重要东西。因此,大多数教师和校长认为,电脑永远不应该控制课堂。

对教学的挑战

推动许多电脑应用的革新性教学事实上也使教师的工作变得更加困难。如同其他雄心勃勃的课程一样,在课堂中应用电脑要求教师花费额外的时间去搜集材料,放弃他们常规性的教学策略去跟踪学生的学习。挑战性课程也对教师的专业要求非常高,迫使他们经常和不太情愿的学生一起尝试那些未经实验的想法,

例如,鲍威尔(Powell)、费拉尔(Ferrar)和科恩(Cohen)(1985)描述了新科学课程的命运,这些科学课程是 20 世纪 50 年代和 60 年代由美国一些杰出的科学家和教育家开发的。新课程的目标是强调理解、思考和动手活动,但这些课程实施得并不顺利,因为它们与标准的学校科学课程相违背。许多教师对新材料了解得不透彻,通过死记硬背来教学,告诉学生每一步应该做些什么。用新课程教学要困难得多,因为教师们不得不充分理解所有

的材料,才能知道如何应对使用这些材料时出现的问题和难题。大学理事会(College Board)不得不开发出新的考试,来评估学生在这些课程中学到的知识,10年以后他们才废弃这些考试。尤其当教师们还要运用一种不顺手的神秘技术时,这些问题的严重性被进一步加剧。考虑到教师已经花费的时间和要达到的知识要求,大多数教师不想再去经受电脑带来的额外挑战,这并不令人感到奇怪。

权威和教学

电脑削弱了教师在教室中拥有的权威——特别是凌驾于合法性知识之上的权威。当连接到因特网后,电脑使得来源于各种不同渠道的信息都能向课堂敞开。在传统学校里,教师控制着课堂里的官方信息流动。但因为电脑提供的信息比教师可能掌握的信息更多,他们把电脑整合到教学中就有丧失权威的风险。教师获得学生的尊敬,部分是因为他们的知识和智慧,部分是因为他们激发学生让其参与学习的能力。如果学生从计算机学习环境中而不是从教师那里获取知识,计算机就剥夺了教师在与学生分享专业技能的过程中获得的尊敬和权威。

另外,如果学生忙于使用电脑,教师就不能吸引他们的注意。德怀尔(Dwyer)、林斯多夫(Ringstaff)和桑德豪斯(Sandholtz)(1990)报道过许多教师让学生在电脑上学习时所经历的困难。他们似乎感到内疚,因为他们没有自己去教学生;他们因为学生之间谈论和分享信息而感到紧张。教师乐于传播他们的专业知识,但如果广泛使用电脑,他们将不得不放弃中心舞台。大多数教师觉得自己并没有做自己一直被训练去做的事情(即没有把自己的专业技能传递给学生)。强大的制度和专业压力使得教师觉得放弃这种控制就好像是玩忽职守。作为辅助者的教师依然可以和学生构成牢固

40

的联系,这会赢得他们的感激。但是,在他们变成了辅助者而不是教学者以后,他们依然还算在教室里教书吗?

许多教师感觉自己正在丧失凌驾于学生之上的权威。詹姆斯·罗斯伯姆(James Rosenbaum)(1989,2001)经常问今天的学生,他们是否看见某位教师哭过。几乎所有的人都看到过,而50年前大多数学生从来没有。在他看来,这部分是因为,学校分数对于学生成功找到工作或是上大学没有影响。当然,优等生进入精英大学竞争很激烈,但绝大多数州立大学或社区学院只需要一个高中文凭,大多数雇主也认为高中分数不太重要。因此,除非学生计划上精英大学,否则他们没有任何动机去取悦教师。教师需要权威来证明为什么学习对于学生在生活中取得成功是重要的,而计算机只会进一步削弱他们的权威。

评价

标准化考试限制了计算机改变学校学习的方式。全国范围内都很强调高利害问责考试,非常重视学生在数学和阅读方面的准备情况,而对于科学和社会研究重视程度稍低。因此学生花费很多努力在操练考试所需的阅读和计算技能方面。操练和练习软件与这种课程很符合。但对电脑的开创性应用,如进行深入研究或完成有意义的项目,在课程中却没有太大空间。美国的标准运动实际上与计算机最擅长促进的学习方式是背道而驰的。

在传统看法中,学习主要包括记住基本事实和概念,执行程序直到它们变得自动化。我们前面引述的一些做法,如教学中的讲授和背诵方法,以及对事实、概念和程序掌握的测试,都表现出了这种关于教育本质的潜在社会信念。标准化考试会强化这样一种信念:教育应该关乎学生学习分离的知识和技能,而不是完成调查和项目。

41

怀疑者认为,在学校里,学校运作方式中会增补技术的变革能力。戴维·科恩(1988a)认为,支撑当前组织的计算机程序最有可能被学校接受。事实上,评价系统和数据库方面空前繁荣的私人市场强化了当前标准化教学的保守方法。随之而来的是,学校更可能采用操练和练习程序,而不是对计算机的开创性应用。计算机仍处于学校的边缘地带,如电脑实验室这样的地方,教师带着学生在那里练习通过各种考试所必须具备的技能。对学校评价的依据,是学生在考试中的成绩,而不是他们如何创新性地学习或者如何最有意义地花费自己的时间。

综合分析: 学校和技术之间的不协调

在这一节,我们将把热衷者的希望和怀疑者的谨慎进行对比。热衷者强调数字媒体的变革能力,而怀疑者指出,计算机对学校的影响甚微,不可能很快就在学校里广泛采用。据我们看来,这源于学校实践和新技术驱动之间的极度不协调。下面,我们将普及性学校教育和新媒体技术二者似乎相互冲突的方面进行对比。这些不协调说明,为什么新技术对日常生活能产生巨大影响,而对学校却很难。

统一学习与用户定制

学校教育结构中根深蒂固的理念是统一学习背后的批量生产。这个理念规定每一个人必须学习同样的内容。尽管有特殊教育这样的革新性实践,但常见的学校课程组织方式依然是让每个人学习同样的文本,通过同样的考试。这个理念凌驾于个性化课程之上,拓展成为连研究生阶段也包括在内的一套必修课程理念。每一个人必须通过这一过程去达到一套共同要

42

求,这样的理念已深深扎根于学校理念之中。

但将技术运用于教育带来的优势之一便是课程定制。计算机能回应学习者的特定兴趣和困难。如果你想了解中国历史或股市,你可以在网上找到很多信息。有时候你甚至能找到个性化的辅导项目来帮助你学习。当电脑在全社会普及,网络上出现了更多工具、更丰富的信息时,教育更应该突破因循守旧的必修课程和基本技能。但要实现这一点,教育必须延伸到校外,在那里,统一学习被编织进了日常实践的组织之中。

作为专家的教师与多样化的知识来源

学校教育基于这样一种理念:教师是专家,他的工作是把自己的专长传递给学生。传统课堂教学的合法性在于教师的专长是合法知识的来源。多年来,教师教育聚焦于为教师提供在课堂内教授这种知识的方法。课本的编写是为支持这几种基于知识的教师专长,因为它们界定了学生要学及教师要教的信息的范围。这种教师专长理念在学校教育运作中处于中心地位。

相较之下,数字媒体提供了得到各种不同专长来源的渠道。新媒体提供了各种呈现出不同世界观的电影和节目。在电视和电影出现之前,家长和教师总是凭借自己关于这个世界的更广泛知识而凌驾于孩子之上。但正如尼尔·波茨曼(1982,1985)所揭示的那样,孩子们正从电视中学到的东西极大降低了教师和家长的权威。计算机和网络进一步加重了这个问题。不久以后孩子们就能把自己所需的所有视频、音乐和书面材料下载到自己的卧室中。Kaiser 基金会证明了这种趋势已经达到何种程度——青少年和他们的父母,当然还有他们的老师,经常生活在一个截然不同的媒体空间内(Rideout,Foehr,& Roberts,2010)。

43

教师控制与学习者控制

在学校里,教师的工作是一直控制学生所做的事情,这样学生就能主要学习课程期望他们学习的内容。要讲的内容太多而时间有限,因此让学生完成作业,积极参与手头学习任务,是课堂活动的中心目标。

另一方面,在学生成长的数字世界中,他们能够自由地使用数字工具去找寻他们感兴趣的东西。他们会玩一些有挑战性的游戏,在自己的Facebook 页面上张贴一些好玩的照片,在同人小说网站上写故事,为朋友制作动画——做任何他们觉得有趣开心的事情。但确保他们学习他们应该学习的东西,是学校的责任。

标准化考试与专业化

用于评价学生的评价技术一般会采用多项选择和简短回答问题形式,以提供客观的评分。但这种测试要求每一个学生学会同样的内容。美国的标准运动正导致运用客观方法的高利害测试的扩张。保证全部孩子在接受教育后至少能达到某一共同的学习期望,这一改革努力激励了标准化评价的施行。然而,教学的标准化方法,顾名思义,限制了允许的实践范围。教师允许学生选择独特的方向去深入追踪主题的余地越来越小,因为这不能帮助他们在标准化考试中取得好的成绩。因此,我们的评价体系正带我们远离学生在学习中表现出的任何专业潜质。

技术鼓励学生朝自己的方向前进,这和充斥学校教育的标准化考试直接冲突。因此,将计算机和网络的使用严格限制在那些能支持学生在标准化考试中获得好成绩的备考活动中,才符合学校利益。但在备考活动中计算机只是最常规的运用,并不涉及技术热衷者所宣称的强大能力。

拥有知识与调用外部资源

教师和家长秉持着一个深刻的信念,即要真正学会某种知识,很重要的一点是不依靠任何外部资源自己去做。所以,当举行考试的时候,学生往往被禁止使用课本或计算器,更不用说电脑或网络了。考试通常是单个学生独自操作,而不是以小组的形式进行。事实上,学校往往不鼓励学生们一起学习或分享观点。分享观点和运用外部资源意味着作弊这一看法一直深深镶嵌在学校文化之中。这就是为什么当加州大学伯克利分校负责少数族裔学生事务的尤里·特雷斯曼(Uri Treisman)观察了亚裔美国学生在学校中的表现后,会获得如此深刻的启示(Fullilove & Treisman,1990)。他们发现许多亚裔学生的成功很大部分源于他们为了课程和考试而一起学习这种做法。这启发他在学困生中建立了学习小组,反过来又让这些学生在伯克利的学习取得了实质性进步。

学校外的生活刚好相反,技术为人们提供了使用外部资源所需要的支持。在工作场所,对你的评价经常是看你如何调集资源去完成某项任务。知道到哪里去寻求信息或帮助常常是成功完成任务的关键。网络使获得资源和帮助变得更加容易。许多人也会在他们遇到问题时寻求相关的信息,如医疗问题,以便做出明智的决定。技术使你不必自己去知道一切,只要你知道如何去找到你所寻求的信息和帮助即可。因此,在知道某事和能够做某事的意义方面,技术和学校文化往往是相互抵触的。

覆盖与知识爆炸

学校的目标是努力教授人们在未来人生中所需的全部重要知识。随着45 知识的指数级增长,课本变得越来越厚。覆盖所有重要材料变得遥不可及,因此课程变成了"一英里宽一英寸深"。来自不同领域的专家决定每门课程中应包含哪些内容,他们之间也相互博弈,力图把自己认为重要的主题包括进去。调和他们观点最简单的办法,就是向学生们应该学习的东西中添加更多的内容。

考虑到知识爆炸,人们不可能在学校里学会他们以后生活中所需的一切知识。成功的成年人已学会了如何获取自己需要的信息和资源,去补充他们现有的知识。在技术时代,他们充分利用网络去找到信息和工具,来完成有意义的任务。他们不仅需要找到信息和工具,而且需要知道如何整合来自不同渠道的信息,评价这些来源的可靠性,运用强大的计算机工具去分析信息,把它展示给他人。但是所有这一切所构成的学习议题与向学生覆盖未来人生所需的全部重要材料这个学校议题相矛盾。由于课程中已经挤满了被视为极其重要的学习材料,学校不可能做到两者兼顾。

通过同化学习与做中学

学校文化中深深镶嵌着这样一种理念:学生应该阅读、聆听和吸收几个世纪以来积累的大量事实、概念、程序、理论、信念、艺术作品和科学创造。受过良好教育的人是一个能理解和欣赏人类历史上这些伟大智力产品的人。这种学习观来源于博雅教育。这是一个有文化的人的最高理想,因此作为教育目标有崇高的地位。

相较之下,技术孕育的教育是一种更强调动手能力的基于活动的教育。计算机具有高度交互性,给学习者提供了五花八门的计算机工具去完成有意义的任务。因此,和学校教育中弥漫的"文化知识的同化"教育观相比,他们更符合"做中学"的教育观。这两种观点并非完全冲突,因为把所积累的文化智慧嵌入交互性的学习环境是完全可能的,但这并非是天作之合。因此,技术有可能把教育引向一个不同的方向,引向制品的设计和建构,以及

46

对复杂问题和情境的分析。这是一种与当前盛行的学校教育文化截然不同的教育观。

技术怀疑者对学校教育的看法

技术怀疑者认为，面对新技术，学校不会改变。学校体制一直都在原地踏步，这使得在不打破目前平衡的情况下去改变核心实践非常困难。因此怀疑者认为，尽管新技术能在图书馆或媒体中心一展拳脚，能用于技术准备课程和计算机科学课程，但它不可能渗透到学校教育的内核中去。

他们的学校教育观无论如何都不会以技术为中心。他们认为学校教育的重要目标是激励学生去理解人类思想中的伟大产品，深入思考问题，考虑不同的观点，令人信服和条理清晰地展示他们的看法，等等。技术怀疑者对在达到这些目标的过程中技术是否必需持怀疑态度。事实上，许多人把技术当做是分散注意力的东西。

技术怀疑者强调，学校教育本身是保守的。教育者对每个人都应该获得基本技能和深厚的学科知识这一观点非常看重。因此，他们希望学校将注意力放在教授社会在历史进程中积累的重要知识，而不是最新的技术革新狂热。教师在从事教学这种人类自我完善的实践时，经常遇到重重困难，因此逐渐开始珍视那些历尽辛苦才找到的能够促进学生学习的策略。出于对自己所知内容的保护意识，许多教师都在怀疑，随着实践转变，自己的知识中有哪些会遗失。另外，学校中有许多计算机运用方面的障碍，如它带来的课堂管理或教师权威方面的问题。

学校教育的目标和技术的目标之间的差异，可以用一个流行妙句来归纳：学校滋养的是按需备用（just-in-case）的学习，而技术鼓励的是即时

(just-in-time)学习。设计学校是为了教会我们未来人生中所需的一切知识。但这也许是一个出力不讨好的差事，因为现在虚拟工具能让我们如此轻易地找到想要的东西。

另一方面，新技术支持一种截然不同的学习途径，即在你需要时去学习你所需要的东西。我们需要做些什么才能改变当代社会对于"受过良好教育"的这个概念的认识？在下面两章，我们将会考察教育所经历的从学徒制到学校体系的革命，以及我们当前正经历的走向终生学习体系的革命。

47

第 4 章　美国学校教育的发展

正如技术怀疑者所认为的那样，学校作为一个机构之所以没有接纳新技术是有很多原因的。但是，正如技术热衷者所宣称的，对学习以及其他一切事情而言，信息技术正在成为整个生活的中心。我们认为，这意味着学校作为教育场所的重要性正逐渐降低。随着首先针对成人继而拓展到 K－12 孩童的其他合法学习场所的发展，在历史上将学校和学习等同起来的看法将开始被削弱。

教育的这种整体转变在历史上并非独一无二。19 世纪前半叶，教育经历了一个与我们正在经历的一切非常相似的转变，即从基于学徒制的体系转变到普及性学校教育。在本章中，我们将把这次转变作为当前所见转变的先驱。正如工业革命导致了普及性学校教育的发展一样，我们相信知识革命正在引发一个新的终身学习时代的到来。

工业革命将人们从家庭手工业作坊中引入工厂。在那之前，90% 的人是农夫。工业革命将许多移民带入美国，导致了城市的急剧扩张。19 世纪具有远见卓识的教育家贺拉斯·曼认为，教育为社会凝聚力所必需，以给予新移民一种共同的语言和对美国民主的理解。他把教育看成让每一个人都能成功的方式。这种远见导致了一个令人惊奇的教育改革运动，发明了一种逐渐能为所有人提供平等教育机会的公立机构。

从学徒制到普及性学校教育

尽管长期以来我们都认为正规的教育体系是文明社会的一个标志,但早期有组织的教育尝试,如希腊的体育馆、中世纪大学和英国文法学校,都严格规定在相对较短时间内仅仅开放给少数精英学生,而一些实用技能方面的教育,如怎样种庄稼,做衣服或生产货物,则由学徒制担负起主要教育职责。

19世纪之前,教育主要是父母亲的责任。大多数人是农民,孩子们从父母或其他亲戚那里学会他们所需要的技能,无论是阅读、计数,还是犁地或缝纫。这就是学徒体系,子女从亲近的人那里学会所有需要知道的事情。人们也从事其他职业,如各种手艺或接生,而学徒制是他们学会这些职业的方式。他们如果不跟着父母亲做学徒,就经常跟随家庭的某位朋友或亲戚做学徒。他们通过观察、模仿和有指导的实践而学习。正如劳伦斯·克雷明(Lawrence Cremin)(1977:12)所言,"大致说来,家庭教育的教学法就是学徒制教学法,这是一个充满模仿、解释和试误的不懈过程。另外还有少数家庭提供系统的家庭辅导和定期的公共服务。"

在19世纪早期的新英格兰地区,贺拉斯·曼领导了一次走向普及性学校教育的运动,将教育孩童的责任从家庭转向国家。尽管在19世纪30年代之前美国就涌现了许多小学和文法学校,但教育的主要责任还是由家庭承担。早期的美国体系体现了英国模式。克雷明(1977:13-14)这样描述英国的体系:

"绝大多数英国青少年根本不上学;那些上学的青少年主要上的也

是一种人们委婉所称的小学校(圣母院学校),他们在备课很不充分的教师的引导下学习一年或两年阅读和写作。少部分学生,全部是男生,会上当地的文法学校。如果他们能在学校里呆上6年或7年,那么他们在拉丁语方面就会有相当高的造诣,对希腊语或希伯来语也略有所知。"

正是这种英国体系在美洲殖民地得到了广泛的复制。

51 本章所要讨论的问题是,为什么会发生从学徒制到普及性学校教育的转变,这种转变后来是如何随着时间逐渐发展的。我们认为,美国学校体系变更源于一系列的事件,包括:1)印刷机的发明;2)宗教改革;3)美国革命;4)工业革命。其中最后一项是促成事件,在一群关心工业社会中儿童福利的人道主义者的推动下走向了普及性学校教育。我们先简单描述引起这个转变的最初三个先导因素所起的作用,接下来描述工业革命如何改变美国,并随后引发了普及性学校教育的发展。然后,我们将描绘普及性学校教育的头100年中学校的演变过程。

印刷机的发明

随着社会从传统口头文化发展到读写文化,印刷机的发明带来了知识的广泛发展和传播。随着知识累积得越来越多,孩童需要学会的东西也不断增加,才能在以后的成人世界中取得成功。正如沃尔特·翁(Walter Ong)(1982)所认为的那样,只有当有了书面记录以后,学习才变得可能。将观点总体上记录下来,使它们更容易去接受评估和挑战,从而逐渐得到修改和提炼。普及性学校教育最终是印刷机的产物,因此,教育以读写思维的主要产品为中心——即阅读、写作、历史、数学和科学。

宗教改革

伊丽莎白·艾森斯坦(Elizabeth Eisenstein)(1979)认为,印刷的发明带来了宗教改革。马丁·路德和约翰·加尔文都提倡普遍易得的《圣经》能让基督教徒自己评价天主教的教义。随着印刷术的发明,《圣经》才在德语和英语等语言中广泛可得。路德的伟大贡献之一是将《圣经》翻译成德语。新教徒中这种对于阅读的提倡随后成为了以个人获得知识取代传统权威的早期运动之一。宗教改革与科学革命一起,标志着知识状态变化的分水岭,即需要设计新的教育机构去促进神职人员之外其他人的知识增长。

52

这场改革运动的精神成为了美国历史的早期印记。马萨诸塞州的清教徒是加尔文的追随者,他们在"五月花"号轮船抵达北美大陆 22 年之后的 1642 年通过了一条法律,指令父母亲为子女的教育担负责任。该法律宣称,该州有权利确保每一个孩童都受到教育。它使教育变得具有强制性,但没有提供学校和教师。教师是父母或私人家庭教师。每一个家庭都要承担子女的宗教和道德养成的责任,否则就要担负罚款的惩罚(Carlton,1965)。

普及性学校教育运动的最初火花早在《马萨诸塞州 1647 年法案》中便已经点燃,其中要求拥有 50 户人家以上的小镇必须为孩童雇请教师。该法案勾画了普及性学校教育的一个完整体系,要求每个拥有至少 50 户人家的小镇要指定他们中的某个人去教所有孩子阅读和写作,每个拥有 100 户人家的城镇都要建立文法学校,教育年轻人为上大学作准备。但是孩子们受到的教育却有些不一致(Carlton,1965)。

这些法律反映了殖民地美国,特别是新英格兰地区学校教育的普遍发展。纳税人不愿意为教育付费,城镇反复强调父母亲教育孩子的责任。然而,一旦学校建立起来,父母亲很愿意将孩子送到这些学校,而不是在家中教他们(Vinovskis,1995)。

美国革命

一个崭新国家的诞生使那些开国先父们有机会制定为公众利益服务的新制度。正如乔治·华盛顿在其告别演讲中所说,"因此,请大家把普遍传播知识的机构当作最重要的目标来加以充实提高。政府组织给舆论以力量,舆论也应相应地表现得更有见地,这是很重要的"(Cremin,1951:29)。18世纪80年代托马斯·杰斐逊在弗吉尼亚州议会提倡《关于更普遍地传播知识的法案》时,曾写信给他的朋友乔治·威思(George Wythe),"亲爱的先生,宣传与愚昧作斗争;制定和完善教育普通民众的法律。让我们的国民们知道……为此目的所支付的税费与让人们处于愚昧中时支付给那些从我们中出现的国王、牧师和贵族的税费相比,不及其千分之一"(Cremin,1980:108)。该法案没能从议会中通过,但50年后,它的许多条款已经付诸实践。

尽管联邦党领导者们,比如亚历山大·汉密尔顿,对于依靠普及性学校教育,将其作为政治力量的条件这一点犹豫不决,但许多共和党领导人,如杰斐逊,强烈提倡给予民众更好的教育。他们认为,王权需要的教育是培养人民在社会秩序中找到他们的确切位置,而合众国需要的教育是培养人民作出明智的政治决策,激励他们选择公众利益而不是私人利益(Cremin,1977)。这种对受过良好教育的民众的呼唤不是能够马上能实现的,但它构成了19世纪普及性学校教育运动的基础。

工业革命

在美国,普及性学校教育运动发端于新英格兰地区,并由贺拉斯·曼、约翰·约瑟夫·休斯(John Joseph Huges)和凯瑟琳·比彻(Catherine Beecher)等具有号召力的领导者传播开来。然而,将普及性学校教育运动从福音主义运动转向实际需要的是工业革命。在美国,工业革命不仅将公民从农场吸引到城市,而且也推动了历史上最大的一次移民潮。工业技术在农业上的应用不仅可以产出人口快速增长所需的食物,而且减少了生产这些食物所需的人口数量。戴维·泰亚克(David Tyack)指出(1974:30),"1820年到1860年间的城市化进程比美国历史上任何一个时期都要快。"例如,仅仅在1847年,波士顿的人口数就在114 000人的基础上又增加了37 000名爱尔兰移民。

弗雷德里克·卡尔顿(Frederick Carlton)(1965)认为,只有三种可能的办法让城市里的孩子打发日子:1)在工厂里上班;2)在学校里学习;3)在街上捣乱。随着童工法律实施,到底是选择让更多孩子接受教育,还是选择让他们走向犯罪道路,城市的领导者对此马上就一清二楚。贺拉斯·曼在1837年成为马萨诸塞州的学校总监。他领导了人本主义改革运动,这些改革者很关注工业社会中儿童的命运。他发表了很多公开演讲,阐述教育如何使每个人成为新国家中富有、成功的贡献者。他对培养新移民,使他们具备新合众国所需的价值观和技能这一点尤其关注。

公立学校标志着教育的责任开始远离家庭。这个转向并不是没有遭到反对。支付了绝大部分税收的财产拥有者经常反对公立学校。对于那些拥有土地、没有经历过城市犯罪和贫穷等问题的农场主尤其如此。他们认为教育的唯一目的是培养孩子们能在农场里成功地生活。所以,农村家庭感觉到他们能提供给孩子们所需的所有教育,因此总体上,乡村地区反对用税收支持学校。这些父母反映了殖民地美国人的信念,即"强调在家中对孩子进行教育和问答式教学非常重要"(Vinovskis,1995:10)。

但自工业革命开始以来,"19世纪的父母认为学习阅读和写作会发生在教室中"(Vinovskis,1995:10)。这表明教育从家庭责任向国家责任的

54

转变。这个转向开始充斥美国人的思维，最终使人们相信教育发生在学校中，而与生活中的其他部分不大相关。城市公民借助于学校教育的扩张，去解决城市不断发展中出现的童工青少年犯罪和生存竞争问题，而自己不用付出太大代价。最后，迅速增长的城市人口可以在新的美利坚合众国中获得选举权这一事实，使新的教育机构有了在农村人口中普及的可能。

今天大多数人以为普及性学校教育是我们身边想当然的事情，但17和18世纪的大多数人很可能以为学徒制是学习的主导方式。尽管长期沉寂，但如下所述的观点现在又在兴起，即教育发生的最好地点是家庭、社区和工作场所，而不是学校。

美国普及性学校教育的建立

在学徒制时代，孩童上的是小型单室校舍学校，他们在此学习阅读、写作和计数，外加一点宗教教育。普及性学校教育的早期时代见证了学校组织和运作方式的发展——那就是，发明了各种新方法去做事情。随着这个体系逐渐演化，它变得越来越固步自封：新的学校教育设计要素不断演变，融入一个连贯体系中，以满足一个民主和不断发展的社会的需要。但随着这个体系变得更僵化，它停止了演变，但它周围的社会在继续演进，所以最近几年，它越来越不符合不断发展的社会的需要。

我们的重点不是讲述美国学校体制如何发展的故事，而是关于这个体制如何从一段实验过程和一个发明变成了一个很难改变的稳定体制。这种稳定类似于以前学徒制中的那种稳定，只有强大的经济、社会和政治力量才能将其克服。我们认为这是任何制度都不可避免的一种模式，如同经济学家曼库·奥尔森（Mancur Olson）（1982）所阐述的那样。在体制年轻时，它们寻找各种办法去应对环境的不同方面,因此它们实验不同的结构和策略。那些成功的结构和策略坚持下来并形成环境的一部分,新的结构和策略必须适应这个环境。这样,在这些片段相适应的地方,在面对外部世界的变化时有既定策略来维持组织结构的地方,体制就在进化。然后变化变得非常困难,除非是在濒临灭绝的极端重压之下。

在殖民时期,城镇和村庄建立起独立的单室校舍。各种不同年龄的孩子在一起学习,与社区关系密切。当学校教育变得更为普遍,美国成为一个人口更稠密的城市化社会时,学校人口快速增长。老式的单室校舍逐渐被取代。其中一些最初革新就是建立了年级制学校,在这些学校中学生们必须先通过考试才能进入到下一个年级。在此期间,也有一个运动(尽管在当时极富争议),即从不同层次的妇女中招募教师。同时,也有人试图使教书成为一个专业,成为一个终身的职业,而不是早期很普遍的那种做法:女教师结婚后就放弃教书。作为使教学专业化的努力的一部分,1837 年贺拉斯·曼在马萨诸塞州的莱克星顿建立了第一所培养教师的师范学校。

从戴维·泰亚克(1974)对 19 世纪上半叶波士顿的学校的描述,我们可以看出当时即将发生的演变。19 世纪 40 年代中期,波士顿的公共教育在改革者看来更像是乡村学校的集合,而不是一个连贯的体系。为了培养孩子上文法学校,1818 年建立了小学,这些小学大多是一间房子,一位教师,分散在城市中。

泰亚克接着描述了教育家约翰·菲尔布里克(John Philbrick)如何使波士顿学校董事会相信,学校需要一种新的建筑——这种建筑从那时起就被称为"蛋壳学校"。1848 年菲尔布里克成为了新的昆西学校的校长。这栋建筑有四层楼那么高,拥有一座大礼堂和 12 间教室,每间教室能容纳 56 名学生。每一位教师都是女性,她所教的年级都有专门的教室。学生根据考试成绩被分到不同的班级，一个班级的学生学习同样的内容。在泰亚克看来，"这就表明 19 世纪中叶的美国不仅有分年级的学校，而且由女教师进行教学。这种体制很快就流行开来"（Tyack，1974：44-45）。

泰亚克（1974：38）描述了芝加哥在 19 世纪中期所面临的问题："年复一年成千上万的孩子们因为没有座位而不能上学。1860 年，123 位教师要面对教室里惊人的 14 000 名学生。事实上，数量上的压力是官僚化的一个主要原因，正是它逐渐取代了更古老分散的乡村学校教育模式。"

高等教育结构也呈现出相似的情况。19 世纪后半叶掀起了一股建立公立大学的风潮。第一批公立大学在佐治亚州、北卡罗莱纳州和弗吉尼亚州建成。1862 年通过的《莫里尔法案》（Morrill Act）使得建立州立大学的运动规模急剧扩大。这个法案为建立政府赠地大学提供资金，使这些大学得以进行农业科学方面的研究。公立学院和大学是美国教育的伟大发明之一，对美国的发展起到了深远的作用。

教育运动第二个阶段的一位领导者是威廉·托里·哈里斯（William Torrey Harris），1868 年到 1880 年任圣路易斯州公立学校的学监，1889 年到 1906 年任美国教育专员。他强调学科和课程聚焦于"灵魂的五扇窗口"——数学、地理、文学和艺术、语法和历史。在圣路易斯州，他面临着成千上万孩子要上学而教师和教室都很短缺的局面。根据泰亚克（1974：19）的记述，"哈里斯的答案是建立分年级的学校，按照年级制和学期制来组织，学生通过定期或频繁的考试来度过这些学年。"

19 世纪下半叶，对幼童的教育被整合进了这个体系。玛格丽特·舒茨（Margarethe Shurz）是德国教育家和心理学家福禄贝尔（Friedrich Froebel）的追随者，于 1856 年在威斯康星州的沃特敦（Watertown）开办了美国第一家公立幼儿园。截止 1900 年，全美已有超过 4500 家幼儿园。威廉·托里·哈里斯用他制定的美国学校教育 K‐8‐4 计划（幼儿园阶段、8 年小学、4 年中学），将幼儿园纳入到学校课程之中（Farnham-Diggory，1990）。

高中构成了这种制度的另一个关键部分。1892 年，哈里斯以美国教育专员的身份，组织了一群顶尖科学家进入十人委员会，并负责确定高中课程。除了拉丁语和希腊语以外，十人委员会建立的核心课程构成了今天学术性高中课程的绝大部分。这些课程按照后来所称的卡内基单元（Carnegie units）的形式组织。正如戴维·泰亚克和拉里·库巴（1995：9）描述的那样，"1906 年卡内基基金会的主席将'单元'界定为中学科目中'每周五节课且贯穿整个学年的一门课程'。这些'课节'一般长达 50 到 55 分钟。这种学时计算方式建立得非常牢固，任何想脱离这种做法的后续企图都未能成功"。

学校公认的物理组织形式也正在形成。1910 年，印第安纳州加里地区的学监威廉·沃特（William A. Wirt）发明了一种有效管理学校的体制，他将其称为"分组学校"（platoon school）。这个计划的目的是使每个教室都处于不间断的使用之中。"例如，当一群学生在接受阅读、写作和数学方面的教学时，另外一群学生在音乐室，还有一群在商店，还有一群在操场上，等等。当上课铃响之后，学生们就会转换到下一门课程"（Callahan，1962：129）。这便形成了今天高中的组织基础。

当代教育图景的其他特征也在 20 世纪早期开始形成。1917 年到 1933 年期间曾任斯坦福大学教育学院院长的埃尔伍德·丘伯利（Elwood Cubberley）呼吁根据现代科层制重新设计学校。成为组织的一部分意味着开发一个"持续测量生产过程看其是否符合规定"的系统（Cubberley，1916：338）。

教育心理学家桑代克(Edward L. Thorndike)所领导的一场声势浩大的统计评估运动更加推动了对于测量的强调。作为将统计学用于测量学习的先锋，桑代克说过"我们不再满足于关于这种或那种管理体制或教学方法所起作用的模糊论断，而是需要对任何体制、方法或个人的成绩进行精确测量"(Lagemann，2000：59)。不久以后，统计测量便开始得到开发，用于评价智力、学习、效率、教学和领导能力。这些测量反过来又强化了学校管理的科层组织，进一步将教师和管理者隔离开来。

当今学校体制中的许多特征都是早年做出的革新。在此之后又出现了一些新的变革：乡村学校的巩固、中学和社区学院的发展、学校中分轨制的采用、特殊教育服务的提供，当然还有为高校录取开发的标准化能力测试(SAT)[1]和美国大学入学考试(ACT)。

学校体系的演变

普及性学校教育前100年中所发展出的学校结构和制度，非常有效地解决了一个正在发展的处于城市化进程中的国家所面临的一系列问题。得出的解决方案也许不是唯一的可行方案，但它确实解决了美国在创造普及性学校教育体制中所面临的问题。我们在本节主要表明，该体系的不同部分如何成为在构建普及性学校教育体系过程中所面临问题的自然解决方案，以及这些方案如何逐渐整合进一个相互连锁的普及性学校教育体系。

1　此处原文为 Standarized Aptitude Testing(SAT)，应译为"标准化能力考试"，但根据上下文，作者此处应该指的是美国高考 SAT，即 Sholastic Assessment Test(学术能力评估考试)。故原文此处似为本书作者笔误。——译者注

- **义务教育**是普及性学校教育的主要方向。新兴的美利坚合众国面临着人民总体上教育贫乏、新移民众多等问题。自从这个新合众国政府的控制权移交给人民后,义务教育的目标是保证人民能受到足够良好的教育,能做出明智的政治决定。进一步的目标是为全体人民提供必需的技能和知识,使他们成为具有生产力的工人,这样整个国家就会繁荣昌盛。最后,贺拉斯·曼认为,义务教育会逐渐提供给学生技能和知识,以帮助他们克服生活中最初的不利条件。义务教育开始只包括幼年儿童,后来随着国家对教育的需求范围越来越大,义务教育也逐渐增加到 16 年。

- **学校划分年级**是对义务教育和移民大量涌入导致学生人数大量增加所带来问题的回应。将同一年龄和经历的学生进行分组能使教师更容易满足孩子们的需要。他们可以把同样的课程同时教给所有的学生,可以解决全班学生所面临的问题,可以用同样的材料评价学生。教同样年龄的学生可以减少教师的课程知识数量,控制班级也更容易。后来,学校中广泛采用分轨制,使学生班级更加同质化。

- **测试的**采用可以把学生选拔进学生能力大致相同的班级。后来它们又被用于追踪学生在整个体系中的进步,这样,在学生表现出已经掌握了所在年级的教学材料后,就可以进入到下一个年级。因此,测试对于保持一个班级中学生的同质化是很重要的。它们被进一步用于界定学生该学会什么,不久又被教师用于激发那些有对抗情绪的学生去努力学习,避免留级。所以,测试对维持普及性教育体系起到了至关重要且必不可少的作用。

- **课本的**引入解决了学生该学习什么内容的问题,也就是说,它们能界定课程中应覆盖哪些内容。针对全国不同学校的学生提供统一的学习内容是必需的。特别是在早期,教材的一个主要功能是向教师提供有关教学内容的知识。在19世纪,许多教师没有受过专业的培训,因此教材向他们规定了应覆盖哪些信息。即使在今天,许多教师仍依赖教师用书,去帮助自己学习要教的材料,去指导自己如何把材料呈现给学生。

- **卡内基单元**解决了多样化的国家里教学内容的统一问题。通过规定应该覆盖什么课程,这个体系能让学生从一所学校转到另一所学校而在学习内容上保持衔接。特别是它能让高等院校去断定学生在高中学习了哪些内容,以及他们是否为在大学里学习作好了充分的准备。在美国这样高度流动的社会里,卡内基单元所能提供的协调对于学生转学时的班级安置起着重要作用。

- **综合性高中**使学校能提供多样化的课程满足不同学生的需要。在20世纪初期,高中提供所需的额外学年,教给学生自从工业革命以来积累的所有新知识和技能。为了容纳这些新信息,学校教育年限稳定增长,现在对于绝大多数学生来说还包含高中毕业后的几年。高中也有助于将年轻人挡在劳动力大军之外,给劳动者工会施加更多影响,敦促其提高产业工人和服务业工人的工资。在综合性高中,一些学生会遵循学业轨道去准备大学考试。其他学生可以修读一些注重为工作作准备的课程。不断发展的综合性学校为那些旨在为所有学生提供所有东西的"商场式学校"提供了模式(Powell, Farrar, & Cohen, 1985)。高中员工不仅仅指教师,还包括指导顾问、社会工作者、职业教育者、安全官员和食品服务人员。综合性学校解决了如何满足各种学生的学习需求这个问题。

对建构一个普遍体系去教育多样化的人群这个问题而言,当前学校体系的这些特征曾经是自然的解决方案。所演变的这个体系证明在为高度多样化的人群提供教育方面非常有效。但社会在继续变革,而这些特征已有 70 多年保持不变,因此急需找到解决教育问题的新方案。

正如我们可以看见的,美国学校体系早期阶段的演进顺应了重要变化,增加了重要服务,去满足不断增长的人口的需要。但从 1920 以来,这个体系在其关键的功能部分变得越来越难以改变。正如 Tyack 和 Cuban(1995:85)所言:

> "学校教育的基本原理,如同教室的形状一样,在过去几十年间保持极其稳定的状态。学校在划分时间和空间、将学生进行分类并分配到每个教室、将知识分成'学科'、给予分数和'学分'作为学习证据等方面,变化很小。"

他们进一步认为,学校教育的这种基本原理已经让一代又一代致力于改进学校的学习者感到沮丧。他们接着说道:

> "学校教育原理是历史的产物,不是某种原始时代的创造。它源于各种群体的努力,这些群体因为他们对问题的界定和他们提出的解决方案而赢得支持……对重大制度变化的基础性改革,比如 19 世纪小学教育的快速扩张,或 20 世纪初中的分类,都很有可能成为标准化模板的一部分"(1995:85)。

学校教育从革新性实践演进为学校机构的稳定体系,符合曼库·奥尔森(Mancur Olson)(1982)的论述,即规则和实践的长期积累导致了成熟但僵硬的机构。

对学校的要求是如何变化的

在 21 世纪,我们见证了伟大的技术和社会变革,这些都有待于在学校中反映出来。学校要培养学生去应对一个不同的世界,公共政策也认为学校应为进步担负责任。学校在教授越来越多来自不同文化和语言背景的学生的同时,要努力去满足联邦和州政府所设定的绩效要求。我们认为对学校的要求正在创造激进变革的条件,就如同 19 世纪中现行教育体系发展时所出现的变革那样。

社会中的技术变革加速了一些对学校最深远的影响。无处不在的电视和其他新媒体帮助营造了一个越来越复杂的青年文化——可以将其称为年轻人的"成人化"。同伴文化的压力可以影响学校教育。例如,全国教育统计中心(NCES,2007)发现,在 2005—2006 年,24%的公立学校报告说学生欺凌弱小的问题每天或每周都在发生。另一份全国教育统计中心(NCES,2006)的调查发现,父母亲选择在家中对孩子进行学校教育的主要原因是,他们担心学校里的环境,以及学校中的一些问题,如安全、毒品或负面的同伴压力。(我们会在第 5 章再次谈到在家教育这个主题。)

人口的愈加多元化意味着用同样的教学策略去教授来自不同背景的学生会变得更加困难。移民大潮在 19 世纪晚期和 20 世纪早期创造了非常多元化的城市学校,但知识经济对于教育少数族裔学生的要求发生了变化。公立学校中这种更新的多元化要求缩小了富有学生和贫穷学生之间的成绩差距。决策者和家长将学校当做是减少成就差异、提供食物和基本社会服务,包括医学和心理学方面咨询服务的中心机构。多样化迫使学校将教育个性化,以满足所有学生的需求和能力。

伴随着种族和民族多样性的政策和社会压力而来的,是宗教群体也要求建立能反映他们价值观的学校教育体系。许多宗教群体都对向孩童教授基于信仰共同体的道德价值和信仰表达了支持。与此同时,政教分离以及许多美国人将道德与宗教信仰等同,使许多公立学校避免明显地教授道德。因此,宗教群体开始彻底离开公立学校教育,转而运用学习技术,在家对孩子们进行教育(NCES,2003)。

美国经济的极大富足提高了父母亲用技术为自己孩子定制教育的能力。社会中财富的不断增加使越来越多的人自己为教育服务买单。这意味着越来越多的人为自己支付上私立学校的费用,为自己的孩子们购买电脑和网络服务,支付家教费用,购买书籍和教益玩具及游戏,修读成人教育课程。同时,公司和其他机构在培训员工方面也投入更多。总之,这些趋势导致了最近这些年私人教育投入的稳定增长。

知识的指数级增长也给学校施加了越来越多的压力。据说今天健在的科学家、研究者和作者的数量相当于人类有史以来直到1950年的科学家、研究者和作者的数量。教育者似乎觉得这些新知识中有许多必须教给学生,把他们培养成能做出公共决策的公民,能满足劳动力中技术专长需求日益增长的工人。围绕内容组织起来的学校课程已经用更厚的课本、更快的主题覆盖、广泛的内容标准和延长学校教育年限等方法来应对知识的爆炸。

最后,我们目前正在经历的技术革命具有我们在本书最初几章所详述的教育体系的所有可能后果。尤其是由于技术正在迅速取代社会中那些常规工作的从业者,这就需要更多的人成为思想者和终生学习者。在社会中有效运转,要求人们能用各种技术去完成复杂的任务。这意味着教育要承受很大的压力,远离传统的为记忆事实和执行常规任务而学习的目标。当前学校的组织方式是在培养生活在上世纪而不是新世纪的人才。

革命的循环

正如我们前面讨论的,普及性学校教育取代学徒制体系成为我们今天所知的教育形式,是由许多表面上看起来不相关的运动促成的。印刷术导致知识的传播,而这些知识是儿童在世界上生存所必须获得的。宗教改革运动的领导人推动人们去学习阅读,这样人们就能自己学会《圣经》上所讲的事情。美国革命需要民众受到良好的教育,这样他们才能做出明智的政治决定。最后,工业革命摧毁了旧的生活和工作方式,强迫美国人建立起一套在现代世界教育年轻人的新体制。这些事件以经历了多年演化后建立的普及性学校教育体系而告终。

普及性学校教育在前 100 年中引进了许多革新。这些革新演进成了一个强大的系统,解决了对多样化的美国民众进行教育遇到的许多问题。然而,随着这个系统不断演进,它越来越抗拒新的革新。所以这些学校与它们周围高速发展中的技术社会越来越不同步。教育的一些方面必须变革。在下一章,我们将讨论教育因为技术而发生变革的不同方式。

第 5 章　新教育体系的种子

　　美国学校教育历史的标志就是其早期的制度灵活性，此后这种灵活性就融进了一个原地踏步、不能修正其核心实践去适应新条件的体制。但学校周围的社会却在不断变化。对于这些改变了工作和日常生活面貌的新技术，学校将如何作出回应呢？

　　我们所熟知的学校不会很快就消失。学校在学徒制时代就已普遍存在，在未来的任何教育时代中，它将依然如此。学校作为向所有学生和家庭提供平等学习机会的机构维持下去，这非常重要。但新教育体系的种子正在萌发，它们已经开始侵蚀人们将学习和学校教育等同起来的看法。

　　这些新种子正主要在娱乐、信息和社会媒体技术等方面得到发展，还需取得更多影响学校核心实践的进步。随着新种子不断发育，教育将出现在许多不同的、更公开、不那么学术性的场所，学校很可能要为更狭隘的学习范围负责。

　　新技术，尤其是视频和计算机，是在 20 世纪后期出现的，为儿童和成人追求教育机会提供了新的场所。公共电视和儿童电视工作坊开始制作和播放教育节目，如《芝麻街》和《巴尼和朋友》，全世界有上千万孩子观看了这些节目。与此同时，越来越多教育游戏和视频被家长购买去让孩子占得先机。在家教育迅速扩张，因为电脑能提供交互性联系，既吸引孩子，又能保护孩子免受遍布学校的同伴文化影响。一些教育者对探究新方法（经常涉及新技术）去吸引学生进行深度学习深感兴趣，特许学校运动为他们提供了一个场所。

与这些教育年轻孩子的新场所平行的是，一些教育高年级孩子和成年人的新方法被开发出来。虚拟学校被设计出来，提供一些当地学校不可能提供的课程。像埃森哲（Accenture）、思科和施乐这样的公司开发了基于计算机的学习系统，能让学习者参与解决他们工作场所中面对的真实问题，比如应对顾客投诉和解决技术问题。随着 Kaplan、Sylvan 这样一些新公司、普林斯顿评论和凤凰城大学都进入教育市场，远程教育和学习中心迅速发展。它们通过帮助学生准备高考、在薄弱领域为他们提供辅导、提供课程帮助成人在职业方面取得进步等方法来获取利润。当联邦政府开始打击这些公司所牵涉的学生贷款做法时，这些公司中有很多苦苦挣扎，其他的则正在适应着各种新限制。

进入新兴教育体系种子的这些平行路线确立了先例，而新媒体技术的到来拓展并改变了这些先例。学徒制学习、私立学校教育、在家教育和非正式学习空间等各领域，已经更能接受新媒体技术所带来的优势。为远程学习、视频游戏、虚拟课程的早期实验拓展了平行道路的能力，同时也激发了媒体学习革新的新市场。

企业界接管了那些用于信息搜寻和社会交互的学习技术的开发。成百万人选择使用可汗学院、Google、Facebook、虚拟学习教育、YouTube、视频游戏、同人小说网站、梦幻体育、Twitter 以及成千上万种其他技术学习方案，这些选择形成了一个虚拟学习的生态系统。我们认为，这些虚拟学习空间的集体使用会给学校施加持续影响，使其面向学习者和家人的日常信息实践进而开放自己。我们期望，尽管传统学校会继续保持对学科知识和公平的强烈承诺,他们也将逐渐把更多社会性的基于兴趣的学习技术纳入他们的核心实践,变成能支持学生和社区生活的混合空间。

在下面几节,我们强调两种技术驱动的重新界定校内外学习的种子:

- 首先,我们考虑那些支持学校标准和结果的学习的种子。我们考虑了虚拟学校教育、计算机自适应学习、慕课(MOOCs)这些行动计划以哪些方式创造新的机会,让学习者实现传统学校教育的目标。我们展示了这些新技术是如何克服帮助学生达到传统的基于标准的学习结果的压力而发展起来的。
- 其次,我们将讨论那些支持学校场景外学习的技术。我们将考虑丰富的基于兴趣的各年龄层次的社会性学习互动,这些互动是从支持维基百科、公民科学、青年媒体艺术机构和视频游戏的技术中发展起来的。我们将讨论消费者对 Facebook、Instagram、Twitter 和 Google 的广泛使用如何改变着我们所指的日常学习。

总之,新教育体系的这些基于技术的种子正在传统的教育世界中成长。但在我们呈现这些新发展之前,我们将先做出几条评论。首先,许多这些革新的学习潜力,尤其是那些基于娱乐世界的革新,还没有得到研究者的广泛研究。新兴的面向学习的技术世界的发展速度不仅正超过学校教育,而且也正超过教育研究。我们希望,我们把这些媒体呈现为面向学习的技术,会鼓励研究者密切注意新媒体工具。其次,这个新兴领域的研究相对缺乏,也限制了我们过多谈论这些新媒体空间中产生的学习的质量。最后,我们完全承认,我们这里识别的一些种子的影响也许永远不会超越最初的承诺。例如,慕课具有哪些潜力,这在 21 世纪初是辩论的主题。从那以后,这个讨论开始沉寂下来,慕课的结构和做法可能最终只能调和进虚拟教育的工具之中。这些是试图理解学习和学校教育的未来时要冒的风险!

支持学校学习的种子

教育历史上,许多传统教育选择,比如私立学校、宗教学校和远程教育,都是与新兴的公立学校体系并存的。在 K‑12 教育世界中,新技术使得越来越多的家庭和学习者选择在家教育和特许学校来满足传统学习目标;在高等教育中,远程学习和社区学院为各种学生提供更多完成课程和获得学位的机会。这些道路中的每一条都被设计来提供机会进行学科学习,比如传统教育空间中遍布的数学、科学和语言艺术。

新媒体技术正为更多人提供机会,去选择这些学习学术内容的道路,导致新道路的更多市场也正推动技术革新。阿尼亚·凯尔门茨(Anya Kamenetz)(2010)把这描述为教育中的动手实践(DIY)运动。关于学习环境和道路的选择,连同新的工具,共同构成了教育技术的新兴市场。最终的结果,是新教育体系种子构成的充满生气的世界,这个世界既对现有学校系统的能力提出质疑,又为新的可能打开了大门。这里,我们着重强调几种领先技术,它们正变成帮助学习者达成传统教育结果的新种子:可汗学院、Pinterest、计算机自适应学习系统和慕课。

可汗学院:面向所有学习者的视频学习资源

可汗学院网站的宣传词是"一切皆可学,对所有人免费"。可汗学院这个新模式完美体现了以下理念——任何人都可以通过因特网获得学校教育的内容、教学法和学习过程。可汗学院的创立者萨曼·卡恩(Salman

Khan)于 2004 年在印度被邀请去辅导他侄女数学时发现了学习视频的优势。好的教师总能意识到,处于优质学习中心地位的是富有活力的表征。卡恩意识到,视频能将表征的力量传到遥远的距离,教师愿意在为帮助他人学习而设计的平台上分享他们的解答。

可汗学院的优势在于把全球教师创作的视频作为其来源。可汗学院成 69 千上万的 YouTube 视频,描述的是数学、科学、工程、历史、艺术、金融和其他十几个学科的简短课程。这些课程不聚焦于老师本人,其醒目特征是一块画板,教师一边解释观点和表征,一边在上面画图。这些视频按照内容轨迹进行排序,引导学习者完成越来越复杂的内容,最后达到学习目标。这些视频也与评价链接起来,以针对学习提供迅速反馈。尽管学习者可以按照任何顺序与这些视频交互,但通过建议的轨迹来学习视频内容能提高传统测量方法下的学习结果。关于这个网站的一项研究表明,在一次州级考试中,可汗学院用户的成绩几乎是期望成绩的两倍(Phillips & Cohen,2013)。

当然,可汗学院方法也有局限。例如,许多学术和科学课程中使用的教学法,是以非交互性的讲座模式呈现材料的。正如我们在本章后面讨论计算机自适应学习工具时即将看到的一样,这种旧式的学校教学法复制了传统学校教育中"坐着听讲"做法的很多缺点。然而,将这些视频与用户定制的评价配对结合使用,有助于使可汗学院的经历对许多学习者来说变得更加动态化。它聚焦于技巧性的科学和数学内容,使它成为缺少这些领域相关专长的家长(及教师)进行在家教育时的一个良性补充。

可汗学院现在已经成为许多公立学校课堂的一个主要部分,成为将学习个性化的工具,以及让学生回顾已学内容的免费资源。即使使用其他虚拟课程资源(如佛罗里达虚拟学校或 K12 学校)的学校和教育者,也找到了富有活力的可汗学院用户共同体的价值。可汗学院所涉及的各种主题,已经在 YouTube 和其他网站上催生了几十个竞争者,导致了一个真实世界学校模型——可汗实验学校——的发展。这所学校基于以下观点建立:学习者应能选择他们自己的目标和道路去实现结果。可汗学院表明,那些能够提供结构性课程,引导学习者实现广为接受的学习结果的网站,是能够生存下去的。

Pinterest:众包课程设计

因特网潜力的早期愿景之一,是实现建立知识库的梦想。像环球电子链接系统(Whole Earth Electronic Link)这样的网站开创了众包(crowdsourcing)实践——也就是,将用户的贡献汇聚成一个可以公开获取的知识资源库。目前,像 Reddit、Wikipedia、Instagram、Twitter 和 Pinterest 这样的网站,将用户贡献的令人难以置信的广泛知识和资源进行组织,提供访问,初步实现了建立用户生成的知识库这个目标。

在我们讨论增强学术性学习环境时,Pinterest 尤其让我们感到兴趣盎然。它是一个 2010 年成立的让用户共享他们最喜欢资源的一个在线共享网络。注册用户得到一个虚拟公告牌,把他们的资源表征(通常是图片、文本和链接)"钉"("pin")在自己的公告牌上。钉在那里的资源描述变成了能被其他用户搜索的元数据,而其他用户又反过来把自己的资源重新钉到自己的公告牌上。Pinterest 开放性地追踪所钉资源的次数,以及公告牌的受欢迎程度,来作为资源质量的指南,这又可以根据资源分享的频率来测量。用户生成的标签系统可以对最能反映用户偏好的所钉资源次数以及公告牌进行系统性的评级。Pinterest 网站的优势来源于通过知识交换而生成的社交网络的发展。

学校内外的教师已经成了重要的 Pinterest 用户群体。教育者运用

Pinterest 主要是去找到以及共享课程设计。一次受欢迎的典型发布包含一份描述课程的图表(能经常以工作表的形式进行复制)、关于授课过程及其有效使用给予提示的文本描述,以及一个与其他资源的链接。标签过的信息能让教育者准确搜索自己想要的资源——"五年级数学分数除法"、"金融基本素养游戏",或者"克雷布斯循环"。系统评级为用户提供了一个质量索引,那些热门用户的公告牌成为系统内有价值的共同体资源。

2016 年对 1 000 名美国教育者的调查发现,67%的教师每周为专业目的使用 Pinterest(Devane,2016)。Pinterest 报道每天有 130 万次有关教育内容的发布,为"Pinterest 上的教师"提供成百上千个公告牌和几乎 16 万追随者。公告牌随时可得,来支持传统式学术科目,如数学、科学、读写、社会研究、历史和绝大部分其他学术科目。因为 Pinterest 是一个面向公众的免费资源,用户不一定非是专业教育工作者不可;他们可以是任何对教学和学习观点感兴趣的人。

和可汗学院一样,Pinterest 为校内外的教育者提供了令人难以置信的多样化资源来支持学术学习。另一个和可汗学院一样的地方在于,Pinterest 作为一个独立资源,有其明显的局限。依赖用户选择会成为资源质量的不可靠测量。尽管有些教师因为共享资源得到补偿,但大多数人参与的是一种共享经济,依靠的是围绕用户免费劳动贡献而组织起来的社区。如果 Pinterest 被看作是补充性的教育资源而不是专业发展的核心实践,那么这个开放型资源共享模式能为重塑校内外的教育开辟新的可能性,这一点非常明显。

计算机自适应系统:将学习道路个性化

计算机自适应学习工具是诊断复杂领域内学习者的学习需要、定制学习者轨迹的在线系统。将内容进行组织去满足学习者需要的教学机器梦想至少从 20 世纪 20 年代后期就已经存在。计算机化帮助实现了这个梦想，建立了一个能引导学习者独立于教学而学习复杂内容的系统。现在商业化的学习系统能让学习者控制自己的学习步速和方向，并提供直接的个性化反馈来支持学习。

吉恩·梅罗夫（Gene Maeroff）（2003）在其《一个人的教室：在线学习在如何改变我们的学校和大学》一书中，描述了计算机自适应学习系统这样的技术如何能适应一对一教育的教学梦想，在这种教育中，学习者的需求可以被在线系统预料到并加以解决。当时的学习技术市场主要被批评者所称的"页面转换"（page-turning）软件[1]所主导，这种软件仅仅通过虚拟媒体复制课本—内容模式。20 世纪 90 年代和 21 世纪早期，研究智能导师系统的认知科学家在计算机自适应学习方面实现了早期突破。

智能导师系统模型需要四个部分：1）一个将学习内容结构化和排序的领域模型；2）关于用户已经知道什么还需学习什么的学生模型；3）决定用户进步所需各种反馈的导师模型；4）引导用户完成学习过程的界面模型（Corbett，Koedinger，& Anderson，1997）。"学习轨迹"概念作为反映学习者如何在某个学科中自然进步的结构，最近成了一个研究主题（Sztajn，Confrey，& Edgington，2014）。学习轨迹研究既能加强领域模型，又能预料到学习者在智能导师系统的学生模型中很可能要走的路线。

这些研究项目导致了两种计算机自适应学习技术：

- **计算机自适应测试系统**的设计，是为了针对学习者朝向学习目标的进步提供即时的反馈。计算机自适应测试，也被称为基准测试

1　page-turning software(页面转换软件)指把 PDF 版的电子书、手册、杂志、目录，通过增加动画、视频、图片和音效转换成精美出版物，让读者有特别的用户友好型阅读体验。——译者注

(benchmark assessment)，基于以前用户回答的程度选择考试项目。如果一位学生最开始在某些困难项目上犯错，系统会问一些更容易的问题，直到它决定学生的表现程度为止。像"Measures of Academic Progress"（学术进步测量，Northwest Evaluation Association）、STAR（Renaissance Learning）、ACUITY（McGraw-Hill）这样的项目在校内外广泛使用，针对学生学习进步提供快速、基于标准的反馈。另外，计算机自适应系统现在也在大学和研究生入学考试中广泛使用，比如美国高考（ACT）和美国研究生入学考试（GRE）。

● **计算机自适应教学系统**将测试与学习轨迹搭配使用，将学习者完成复杂内容的道路个性化。READ 180 是一个成功的计算机自适应学习系统的例子。项目始于 20 世纪 80 年代在范德比尔特大学进行的有关计算机如何支持阅读的研究。目前的 READ 180 是一个基于阅读教学智能导师系统的混合学习课程，但它同时也包含了小组和大组教学计划和个性化的阅读指南。研究发现，READ 180 是一个改进学生读写测试表现的一个很有前途的项目（Lang 等，2009）。

像 ALEKS（Mcgraw-Hill）、TenMarks（Amazon）和 Dreambox Learning 这样的产品，为更多样化的学科领域提供了个性化的学习系统。Knewton 和 73 Edmentum 这样的公司都在开发更复杂的内容模型，例如，除了专家组织的内容以外，建立根据用户与系统真实互动情况进行校验的众包模型。

对计算机自适应测试和教学系统的批评主要是，它们作为想代替教师和学校的独立产品，以及在窄化学习内容所起的作用方面，价值有限（Enyedy，2014；Shepard，2010）。评论经常聚集在以下观点：对这些商业产品进行投资，腐蚀了价值观和改进公共教育所需的资源。詹姆斯·保罗·吉(2013)认为,将学习个性化,削减掉了学习者需要掌握的最困难过程——选择学习什么。当内容已经呈现在一个装好的盘子上时,学习者也许能通过考试,但他们不能学会应对最困难的挑战,即决定什么是值得学习的。

这些批评都有道理。计算机自适应学习系统的提倡者经常建议,他们的工具应该被整合到混合式(部分虚拟部分面对面)学习环境中,许多关于这些新工具的价值的不同意见可以归结为提倡者和批评者之间的争论。提倡者描述应该发生什么,而批评者记录实施过程中确实发生了什么。考虑到当前环境中对考试的强调,尽管计算机自适应学习工具存在一些局限,但它们已经在广泛使用。

慕课:远程学习的新途径

慕课是高等教育对所有人开放这个运动中的最新发展。它们是高等教育最初备选道路之一——远程教育——的高潮。慕课将学习管理系统和课程讲授技术整合进人人可得的课程,从而拓展了远程教育的范围。这些课程常常围绕传统的课程资源——如文本、数字媒体和评价——进行组织,但他们经常包含讨论论坛、交互模拟和其他媒体来促进参与。

2011 年,斯坦福大学教授塞巴斯蒂安·思拉恩(Sebastian Thrun)和皮特·诺维格(Peter Norvig)发起了一门名为"人工智能入门"的慕课,吸引了160 000 学生(和很多讨论)。思拉恩基于这个成功初步建立了优达学城(Udacity),这是一个营利性质的慕课供应商,寻求和其他大学建立伙伴关系,以低廉的学费获得高质量的课程。麻省理工学院和哈佛大学 2012 年联手组成了 edX,这是一个非营利团体,与加州大学伯克利分校、德克萨斯大学和世界上其他大学建立了伙伴关系。Coursera 和 Peer-to-Peer University

74

这样的公司参加了这场招聘竞赛。曾经有一段时间，似乎高等教育中的每一个人都拥护慕课的爆炸性增长。

从某些方面看，慕课扩张的故事是一个教育大肆宣传的故事。在最初的兴奋过后近两年，慕课迎来了崩溃。2013 年在圣何塞州立大学和优达学城(Udacity)之间达成了一个突破性的协议，将每门售价 150 美元的大学课程提供给更广泛的学生，结果导致了更低的及格率和将近 90% 的辍学率(Rivard，2013)。另外，慕课因为迎合那些已获得高质量学习资源的学生的需求、把英语作为其教学语言、联系到教学者的机会非常有限而饱受批评(Fowler，2013；Kop & Fournier，2010)。在慕课让人满怀希望地公开登场之后不久，这些批评就被发表出来，粉碎了人们对慕课所抱的不合理高期待。

然而，在接下来的几年中，慕课的发展在教育界稳定地得到了大量关注和支持。一份产业报告估计，截止 2016 年，大约 5 800 万学习者参加了一门慕课。超过 700 所大学提供了将近 7 000 门慕课(Shah，2016)。尽管绝大部分学习者用的是围绕学习管理系统工具和静态课程内容组织起来的慕课，但大量革新性的慕课设计方法也开始涌现。联结主义慕课(cMOOCs)邀请学习者贡献资源和专长，去提出和解决开放式的设计问题(Downes，2012)。开发者把慕课当作为发展中国家提供高等教育资源的媒介，因为那里切实可行的体制机会很少(Patru & Balaji，2016)。正如前面提到的那些种子那样，慕课模式不可能取代现有的教育制度性资源。然而，慕课将继续为教育者提供设计空间，去实验其他的学习备选方案。

20 世纪，在家教育、私立学校、特许学校和远程教育为学习者实现传统学业目标提供了备选道路。新媒体技术在这些实践所创立的空间中欣欣向荣，带来了各种有效的学习工具，这些工具反过来正在创造新的变革可能性。可汗学院、Pinterest、计算机自适应学习工具和慕课等新技术,对教育机构的直接影响有限。然而,这些新种子已经在为教育新世界创造条件,这种教育新世界强调学习者在创造专属学习环境过程中的作用。在下一节,我们将转向数字狂野西部——社交媒体和娱乐媒体世界——去更好地理解基于兴趣的学习的新体系的种子。

基于兴趣的自然学习环境

调查表明,92%的美国青少年每天上网。超过75%的青少年使用移动设备去上网、交流、社交、玩游戏和(有时)学习。关于网络运用情况的人口统计学数据表明,85%的非洲裔美国青少年通过智能手机上网,而白人和拉丁裔青少年比例为71%。这些青少年中大多数(66%)至少每天用Facebook和同伴交流,尽管使用SnapChat和Instagram的人数在迅速上升——特别是中上层阶级青少年。青少年对虚拟交互的重视,导致他们在传统电视和音乐产品上花费的时间减少(Lenhart,2015)。它似乎也增加了青少年焦虑和抑郁的可能性(Twenge,2017)。大多数美国青少年都是在一个多样化的渗透他们生活每一方面的数字世界中成长起来的。这种青少年生活的虚拟转型是在上一代人中——准确地说是在过去10年中——开始的。

这种青少年注意力的转移对教育来说意味着什呢? 乍一看,似乎尼尔·波茨曼(1982,1985)批评过的电视让孩子童年时代消失这个论断已经变成了现实。Postman曾指出,通过流行媒体的消费,电视和音乐使儿童熟悉成人世界。现在,浸润在其中的因特网已经抹去了成人和儿童的边界,将所有人随时暴露在所有事情面前。然而,与此同时,因特网产出文化——成

76

员们制作东西、提供评论、流通知识——的成长,重新界定了消费和生产之间的关系(Jenkins,Purushoma,Clinton,Weigel,& Robison,2007)。

虚拟世界的扩张使青少年成为他们交互、消费——更重要的是产出——的作者和管理者。米密·伊藤等人(2010)用闲逛(hanging out)、摆弄(messing around)和痴迷(geeking out)几个术语将青少年参与虚拟媒体的轨迹描述如下:

- **闲逛**涉及到运用新媒体(如 Facebook、Instragram 和 SnapChat)和朋友们保持联系,作为青少年社交生活的拓展。在一个青少年面对面社交机会更少、他们能超越空间限制去拓展和加深自己朋友圈的世界中,这些媒体为社交互动创造自我管理空间。闲逛也让青少年实验可能的自己,尝试不同同伴群体的社交性格,在分布广泛的社交网络中了解其他同伴的兴趣(Boyd,2014)。

- **摆弄**邀请青少年去用那些支持他们参与和互动的媒体进行实验。青少年摆弄媒体环境,首先探究新媒体空间("环顾四周"),接着开始定制熟悉的空间去反映他们的偏好和身份。在社交媒体的早期阶段,MySpace 邀请用户摆弄反映他们偏好和个性的环境背景。从那以后,许多媒体空间在幕后邀请用户以更好地支持他们的需要。这种摆弄是通向产出的最初阶段,因为青少年会开始熟悉那些定制在线环境的工具。这是一朵火花,能激发对新媒体技术如何工作的理解。

- 当青少年从媒体消费者完全转向生产者时,**痴迷**就发生了。青少年运用新媒体追求基于兴趣的互动,此时就发生了变化。痴迷的发生基于詹姆斯·保罗·吉和贝蒂·海斯(2009)所说的"亲和空间",或

77

说是由人和实践构成的基于兴趣的网络。当青少年痴迷时,他们在专家和媒体空间所得实践的指导下,用创造性工具去把媒体变成自己的媒体。

这些阶段在年轻人的生活中看起来是什么样子呢?让我们设想一下一位 12 岁女孩玛亚从早期与朋友互动中发展起对游戏的兴趣的过程。玛亚与朋友在一个课后教会俱乐部闲逛,然后通过 Facebook 交流,使她知道了朋友们都在玩的一个视频游戏《我的世界》(*Minecraft*)。这是一个极受欢迎的游戏,最初让玩家在虚拟世界里巡游,然后迅速成为让玩家在里面学会制造东西的游戏。她弄明白了如何下载这款游戏,最先是学习如何玩免费版,最后要她父母去付钱订购,好让她继续在线玩这个游戏。

当她熟悉了这款游戏以后,她学会了新词汇和游戏玩耍策略。她学会了"暴民"是具有可预测特性的游戏人物,她听说有一种特殊的暴民,叫做"爬行者",隐藏在玩家中,毁掉玩家所建造的任何东西。学会这些游戏话语开始影响她和朋友们闲逛的方式。她更仔细倾听那些一直玩这个游戏的朋友们说话。其中一位朋友萨拉在 YouTube 上发布了关于她所建造的建筑物的视频。Maya 不知道这是怎么弄的,但为朋友的技术能力所折服。萨拉向玛亚演示了一个《我的世界》玩家组成的在线 YouTube 社区,这些玩家在里面谈论如何设定背景去定制游戏。

玛亚开始观看《我的世界》YouTube 视频(而不是电视),更清晰地了解了玩家如何在这个虚拟亲和空间中互动。她还发现,她喜欢把《我的世界》当做一个"沙盘",这是一个她能在真实世界中制造建筑物模型的公开设计空间。她学会了如何在游戏中公开命令提示行,让玩家去摆弄游戏背景,如何利用"骗子"去在游戏中得到更多资源和生命。YouTube 上的玩家依靠骗子和命令行界面去重造游戏，以适应自己的目标和游戏风格。在 YouTube 亲和空间提供的提示的指导下胡乱玩耍了几个月之后，玛亚开始开发她自己的玩耍风格，并计划如何使这个游戏运作起来。

78

在玛亚和她爸爸看了一部经典科幻小说电影《第五元素》之后，她从电影里的建筑物中得到了启发，想以此为模型去创造《我的世界》中的建筑物。对玛亚来说，这就是伊藤所说的痴迷阶段彻底绽放了。她找到了一个 YouTube 频道，玩家们在其中能根据著名科幻电影重新制作场景，开始玩一些能让玩家捕捉和叙述《我的世界》事件顺序的工具，把这些片段编辑成短电影。玛亚急切地加入了专门致力于"修改"（modding[1]）的用户社区，即运用游戏内的设计工具对这个游戏世界进行修改，去反映她的计划。她咨询了一些网站，这些网站描述如何运用游戏内摄像头去捕捉她的新风景画，并创建一些人物，这些人物能重新扮演电影中的场景。在她开发了自己的内容以后，她开始在自己看过的 YouTube 视频上给出反馈，发布自己的视频，为自己的频道赢得了很多追随者，并开始回答其他用户张贴的关于技术程序的问题。随着玛亚痴迷上这种从《我的世界》中制作电影的新活动之后，她完成了从消费到生成的循环，这种循环是以新媒体环境中多数年轻人的经验为典型特征的。

这个闲逛—摆弄—痴迷循环是人们在新媒体空间的非正式学习过程中要广泛经历的。它不仅为年轻人而且为所有年龄层次的学习者塑造了校外学习。几乎任何主题都能在线找到亲和群体，这些亲和群体可以充当新来者和随意浏览者的知识资源，也会为少量用户而与一些产出社区产生关联。

---

1 modding 是一个俚语表达，来自于动词 modify（修改），指的是修改硬件、软件和任何东西，去执行一种原设计者根本没想到或没打算实现的一种功能。该词主要用于计算机游戏社区，尤其是指创造新的或改变过的内容并通过网络共享。——译者注

玛亚的例子表明了新媒体环境如何促进学习者从信息和产品的消费者转变为生产者。

在下面几节中，我们将重点描述维基百科和 YouTube 如何支持学习者走过伊藤描述的轨迹。

维基百科：世界最大的协作性写作项目

维基百科每天有将近 4 亿浏览者，它包含 299 种语言写成的超过 4 600 万篇文章，其中英语文章有 550 万篇。每天有 70 000 名活跃作者撰写成千上万个页面，删掉 1 000 页过时的页面。在《维基百科文体手册》的指导下，这群来自全世界的作者构成了人类历史上最大的协作性写作项目。

79 维基百科成立于 2001 年。在其运作初期，它的词条经常因为其准确性而受到教师和图书管理员的批评。从那以后，人们发现其条目的质量可以和《大英百科全书》相媲美，而维基百科文章的范围远远超过了其他任何百科全书(Giles，2005)。和 Facebook、Google 一样，维基百科产生了它自身的词汇和技术(维基，Wiki)来作为一个工具网络的名字，该网络通过简单的文本编辑器和线程投稿，来支持异步用户的贡献和协作。

对许多用户而言，维基百科是一种基本知识资源。临时的用户在网上闲逛时，为解决争论或回答问题，会搜寻维基百科。迷失在维基百科的浏览漩涡中，就仿佛在 21 世纪迷失在公共图书馆的书架间一样。从消费维基文章到生产维基文章的转变在过去一些年中是无缝对接的。注册成为维基编辑者很容易，还有一大群业余编辑者定期回顾新编辑者做出的所有更改。维基的开放性编辑环境会邀请用户在文章中发现错误时进行修改。摆弄维基百科意味着尝试使用编辑工具，建立用户档案，将变更的内容提交给专家编辑者去审阅。

当用户领略到全球范围内集体编辑的精神以后，他们就能通过加入专家编辑器游戏而进入痴迷阶段。编辑者通过获得对页面内容的更多控制而发展自己的专长，逐渐从认证用户发展为管理者，继而发展为有权利控制其他用户账户的官员。记录编辑次数和质量的记分牌会评价每位个体编辑者的贡献。维基百科以及它所激发的工具和社区，是富有活力的种子，它在正式和非正式的学习环境中，组织和分配用户生产的知识和社区结构。

YouTube：让每一个人观看、制作和分享视频

YouTube 是世界上最大的视频分享网站。从 2005 年开始，它允许用户观看视频，但它也提供免费、容易使用的工具，供上传内容和维护用户账户。YouTube 从 2006 年起成为 Google 的一部分。和维基百科一样，它已经变成了一个广泛使用的名词和动词。YouTube 上大多数视频都能免费让用户得到，包括前面提及的可汗学院和游戏玩耍场景。每分钟有超过 400 小时时长的内容上传到 YouTube，其网站中每天被用户观看的内容时长总计有 10 亿小时。

YouTube 已经变成了因特网上非正式学习的主要路径之一。实用指南视频、纪录片、新闻播放、经典体育赛事和被记录下的几乎每一种视频都能够在 YouTube 上免费或通过订阅得到。千禧一代观看 YouTube 的时间是看电视时间的两倍（Williams，2016）。根据订阅者的数量和 YouTube 上的点赞次数，年轻人的观看习惯创造了很多明星。比如 PewDiePie[1]，他玩视频游戏并进行点评，有 5 400 万订阅者，通过广告支持，每年挣到超过

---

[1] PewDiePie 是瑞典人 Felix Arvid Ulf Kjellberg 的化名，他专注于 *Let's Play* 的恐怖游戏与动作游戏。他的频道是 YouTube 中订阅人数最多的频道，截止 2018 年 1 月，他已经有了超过 6 000 万名订阅者。——译者注

1 500 万美元。其他 YouTube 明星通过表演喜剧、担任嘉宾或进行快速评论，产生数百万观众。

这些新媒体 YouTube 明星靠自我奋斗得来的地位，激励了一代年轻人去摆弄和痴迷，从而使自己变成 YouTube 明星。YouTube 的内部定价结构能够用广告收入回馈那些产生了足够点赞和订阅的用户。对于那些观看自己最喜欢的视频、生产自己的视频、生成反馈、改进自己的视频创作技能的年轻用户而言，YouTube 变成了一个巨大的亲和空间。任何拥有智能手机的年轻人都能够进入这个亲和空间，里面有关于定速、编辑、叙事、喜剧、特效、过渡、宣传和营销策略的丰富指导。

YouTube（13 亿活跃用户）、Reddit（每月 5.42 亿用户）、Twitter（每月 3.28 亿用户）、Instagram（每天 5 亿用户）、SnapChat（每天 1.5 亿用户）的用户数量表明了新媒体网站在日常生活中留下的足迹。每一个网站都提供了路线，让用户从观点、照片、媒母（memes[1]）和评论的消费者转变为生产者。各种各样的网站生成了一个难以驾驭的去中心的媒体世界，这个媒体世界很容易被分裂，阻止人们针对什么样的事实重要这种问题达成共享理解甚至承认。然而，从学习的角度而言，每个网站都遵循着一条清晰的路线，让用户不仅学会呈现的内容，而且学会如何用开源工具去制作和发布自己的内容。和维基百科一样，YouTube 和类似网站提供了丰富的证据，表明新媒体是界定校外学习新道路的强大工具。

1　meme 这个词最初源自英国著名科学家 Richard Dawkins 所著的《自私的基因》(*The Selfish Gene*) 一书，其含义是指"在诸如语言、观念、信仰、行为方式等的传递过程中与基因在生物进化过程中所起的作用相类似的那个东西。"现今 meme 一词已得到广泛的传播，《牛津英语词典》将其定义为："文化的基本单位，通过非遗传的方式，特别是模仿而得到传递。"汉语中将其译为媒母、米姆、弥母等。——译者注

创客空间：在物质世界中建造

本章最后一个流行的基于兴趣的学习环境例子不是一个虚拟空间，而是一个学习技术和手艺的开源场所（Halverson，Kallio，Hackett，& Halverson，2016）。创客空间（maker spaces）也被称为"黑客空间"（hacker spaces），有些场合下也被成为"数制工坊"（FabLabs），"是艺术、科学和工程方面进行创造性生产的非正式场所，在这里，不同年龄层次的人们将数字技术和物理技术混合，去探究观点，学习技能，创造新产品"（Sheridan 等，2014：505）。创客空间是共享的公开空间，让人们来到一起，制作物品和交换观点。

有些创客空间聚焦于编码和电路，有些关注音乐和媒体制作，还有一些注重陶瓷、编制和缝纫艺术。这些空间常常包含一些短期课程和不同能力层次的创客组成的共同体。创客们参与不同项目，老手在整个项目过程帮新手使用工具和进行思考。成功的创客空间会逐渐发展起一种文化，这种文化鼓励新手学习创造事物，同时也为专家创客提供一个共享空间，去从事一些长期项目。

创客空间已经变成了一个国际性运动。全世界几乎有 1 500 家创客空间在运作，而图书馆、博物馆、学校和社区中心每个月都在增加（创客）场所（Lou & Peck，2016）。一些创客空间位于图书馆、学校这样的公共机构中，或博物馆这样的收费机构中。还有一些是致力于各种创作的独立于机构的独立空间。有些创客空间免费让用户去探究和参与项目，其他创客空间要求缴纳会员费，或担任新创客的辅导者。

许多创客社区源于一个围绕着创造软件和修补软件而形成的开源世界。数制工坊是最早期的有组织的用于数字制造的创客空间之一，是由 21 世纪早期尼尔·格申费尔德（Neil Gershenfeld）（2012）在麻省理工学院的工作所激发的。数制工坊让普通人运用一套教授工程、机器人技术、设计和编程的工具和计划，去为自己的问题找到解决方案。全球有将近 500 家数制工坊在运作，在世界范围内，数制工坊被调整后用于 K‑12 学校教育中。

基于数制工坊模式，创客空间的一个关键的支持部分，是进入一个用户生成的开放的设计图网络（比如 thingiverse.com 或 instructables.com 这些网站），去设计包括家具、发电机在内的任何东西。创客媒体（Maker Media）这样的机构通过网站和传统出版物（*Make* 杂志）提供设计图，也由全美用户共同体通过创意嘉年华（Maker Faires）提供——超过 120 000 人参加了 2016 湾区创意嘉年华（Conlan，2016）。

青年媒体艺术组织（YMAOs）是专注于数字听觉和视频制作的特殊创客空间。它们邀请年轻人学习如何利用媒体工具去生产数字艺术，比如电影、音乐和关于他们生活和世界的播客。YMAOs 在校外场景中方兴未艾，创作和表演艺术家可以在那里和年轻人在一个协作性设计环节中合作。这些机构通常包含能发布产品的虚拟频道，真诚的观众能在这里发表批评意见和宣传信息（Halverson，Lowenhaupt，Gibbons，& Bass，2009）。

芝加哥数字青年网络是 YMAO 设计和持久性的一个例子。这个网络始建于 2005 年，最初是一个课后项目，后来逐渐发展，直到麦克阿瑟基金与芝加哥公共图书馆合作，为城市年轻人创立了一个空间去参与媒体艺术（Barron，Gomez，Pinkard & Martin，2014）。网络成员受到自身经验及在工作坊中与同伴和辅导者一起生成的观点的启发，创作音乐、视频和故事。每位成员都运用一个在线环境去获取学习资源和辅导。这个过程得到了真实世界艺术共同体辅导员的指导，从制作物体发展成一个纯正的参与性文化，从而塑造了社会互动。像 YouthRadio（youthradio.org）、AppalShop（appalshop.org）、ReelWorks（reelworks.org）和 InProgress（in-progress.

org)这样的青年媒体艺术组织共享着相似结构,指导年轻人制作关于自己和社区的复杂媒体(Black,2008;Chau,2010)。像 YMAO 这样的创客空间提供了一个物理空间和可得资源,组织和支持通过生产而导致的新素养的发展。

创客空间提供了一个可行模式,去激发随地进行的基于兴趣的学习。创客们与志同道合的同伴闲逛,实验工具,参加新手工作坊,好熟悉共同体的实践。他们在自己的项目中摆弄工具,去探究在既定媒体中能做些什么,去获得新形式的技能。一旦掌握了该艺术形式的基本知识,创客们就会痴迷其中,根据该种媒体的标准和实践进行创造,对这些标准和实践进行革新,在新兴的实践共同体中帮助他人。

视频游戏、维基百科、YouTube 和创客空间这样的媒体技术为基于兴趣的学习开辟了完全崭新的场所。在因特网出现之前,基于兴趣的学习的范围局限于当地社区的人们和公共图书馆的书中。在每个人都共享同样兴趣、图书馆预算不足的社区,值得追踪的可能兴趣的范围受到了限制。

因特网不仅能呈指数级地扩大可以追踪的主题的范围,而且组织内容的新媒体工具也帮助用户建构虚拟的社会环境去促进学习。正如 Mimi Ito 等(2010)所提议的,这些虚拟环境引发了一连串非正式阶段,让学习者发展自己的兴趣,从知识的消费者变成生产者。

结　　论

本章的目标是描述我们中间发展起来的新教育体系的一些种子。在前几章,我们认为现有的公共学校体系应该被修正,去满足为 20 世纪所有孩子提供教育的要求。然而,和许多成功的机构一样,当学校满足更多社区和家庭的需要时,公共学校教育的核心结构变得固化和僵硬。现在,在 21 世纪,当学习挑战伴随着新媒体信息技术的到来而发生改变时,许多学校发现将新工具引入核心事件让他们很难适应。

结果,学生、家庭和教育者的生活在支持学校核心实践的技术与日常生活中所用的技术之间产生了分裂。在本章,我们描述了新媒体技术在如何为学习开辟新的道路。可汗学院、Pinterest、计算机自适应学习系统和慕课这些工具充分利用了现有学校实践中存在的机会,去鼓励学习者满足传统的学校学习目标。视频游戏、维基百科、YouTube 和创客空间等工具促进了极其广泛的基于兴趣的由学习者自己界定的学习目标。各自分开来看,这些工具都能被看成是实现系统界定或学习者界定的结果的方式。但放一起看,我们能看见因特网如何变成了一个学习环境激进扩张的孵化器,这种学习环境将学校教育正式、制度性的背景与学习的非正式、校外场合混合在一起。如果下一代学校教育的目标是创造 21 世纪的被激励去寻找和解决复杂问题的学习者,那么这些新媒体工具将成为一个新兴的学校教育新系统的关键要素。

84

第6章　教育的三个时代

　　随着我们进入终身学习的新教育时代，新教育体系的种子正在萌发。经历了学徒制时代和普及性学校教育时代以后，形成了新体系种子的技术发展正在引入这个新的时代。这三个时代在很多方面大相径庭。在某些方面，终身学习时代似乎反映了更早期学徒制时代的要素。

　　当我们从学徒制时代过渡到普及性学校教育时代时，在很多不同的维度上都发生了变化：谁为孩子的教育负责，他们教育的目的和内容是什么，如何教他们，如何评价，我们希望他们学会什么。学习发生的地点、学习发生的文化、教师和学生的关系也发生了变化。当我们进入终身教育时代时，教育所有的这些方面又一次发生了改变。

责任：从家长到国家，然后再到个人和家长

　　也许贺拉斯·曼及其同事们提出的最具革命性的观点，是让国家从家长手中接管教育孩子的责任。在学徒制时代，家长决定儿童学习的内容。家长经常决定男孩从事何种职业。如果他追随父亲的职业，父亲会对他进行培训；他也可能成为某位亲戚或朋友的学徒去某一个行当学习。女孩从母亲那里学会家务活和其他职责。如果她们生活在当时最常见的农场里，

母亲就会教女孩们一些农活,如挤牛奶。如果家庭是做生意的,母亲经常会经营商店,女孩们则跟着学习该如何做。如果母亲是一位助产士,女孩们就会观察她们的妈妈,并逐渐承担起一些职责,从而学会接生。学徒制时代的许多博学之士都主要靠自学,亚拉伯罕·林肯(Abraham Lincoln)夜晚就着火堆读书之类的故事就正好说明了这一点。

随着工业革命的到来,人们开始关注移民子女学习美国价值观和语言的问题,人们开始意识到这是国家的责任而不是家长的责任。改革者觉得需要学校把美国价值观教给移民孩子。因此他们提倡从家长手中接管教育,交给国家。这使得小孩拥有了他们家长不具备的态度和价值观。理查德·罗德里格斯(Richard Rodriguez)(1982)的自传体著作《回忆饥饿》(*Hunger of Memory*)就对这个进程进行了生动美妙的描述。在书中,他描述了自己如何在父母的价值观和他在学校接受的美国价值观之间被来回撕扯。

在当前的终身学习时代,教育的责任正从国家回到家长(对幼童而言)和个人(对青少年和成年人而言)手中。这个运动强调对教育进行定制以满足特定学习者的需要、兴趣和能力。我们从第5章所描述的新教育体系的种子的成长中可以看出这一点。越来越多的家长在可汗学院和电脑工具的支持下,通过在家教育,把自己认为重要的价值观教给孩子,报名让孩子参加夏令营和课后活动来支持他们的兴趣,以此来接管对孩子的教育。大学毕业以后,越来越多的成年人寻求各种机会推进自己的事业,发展自己的深度兴趣。这个自己动手(DIY)学习的运动从十几岁读高中时开始。比尔·盖茨就因为在高中阶段每天花几个小时进行计算机编程而著名。尽管高中提供了一些选择,但技术使青少年以及成年人更容易在亲和空间中去在线从事个人喜欢的事情。

期望：从社会复制到全员成功到个人选择

如前所述，工业革命以前，家长大都希望孩子能够子承父业。因此他们期望孩子获得的教育同他们的一样。农夫家庭会期望他们的孩子学习成为同父母一样的农夫，而商人或手艺人家庭则会期待他们的孩子经营同样的生意或是以同样的手艺谋生。如果父母能够阅读《圣经》，他们也会期望自己的孩子同样学会阅读。

这种期望支持了阶级差异的复制。这种情况下几乎不存在社会流动性，儿童无法通过良好的教育进入上层社会。即使父母为孩子寻求到更好的机会，现有阶级结构的卫道士们也不会给他们太多前进的空间。总体上经济得不到发展，人们的设想就是社会稳定，儿童要面对当年自己的父母曾经面对的世界。因此目标就是培养孩子具备和父母亲同样的技能。

工业革命之后，经济机会和社会流动的开放，引发了人们对真正社会流动越来越强烈的渴望，特别是那些来到美国的移民们。贺拉斯·曼的一个主要观点是教育能成为通向共同、高层次成功的阶梯。他想创造一个学校体系，让来自不同国家的移民子女都有可能实现美国梦。美国梦很大程度上包含这样的希冀，那就是，辛勤劳动和良好教育会带来社会和经济地位的提高，美国社会的流动性能让每一个人进步。建立一个共同的学校体系是让儿童发展的中心道路。这个论点就是通过教育实现平等，可以用"每个孩子都能学习"这个短语进行归纳。

最终，许多家长接受了这种意识形态，逐渐开始期望孩子能获得良好的教育。在工业革命之后的早期，美国原住民和有色人种都是被挡在学校体系之外的。成功的学校参与现实在今天的美国依然很不平均。许多家长依然相信,他们的孩子能上一所精英大学,哪怕他们自己没有上过大学,甚至连高中也没读完。

我们认为教育的期望正又一次开始发生改变。全员成功的目标依然广泛存在。然而,当许多学校努力为所有家庭创造更多机会的时候,青少年和成年人在为自己的生活和教育承担更多的责任。他们经常摒弃学校提供的课程内容,选择追踪自己感兴趣或他们认为对自己的事业进步非常必要的内容。他们不太愿意接受教育者根据课程标准所规定的内容。相反,本着用户定制的精神,许多年轻人在找寻自己的教育道路,学习那些他们认为对自己有价值的东西。在特许学校、丰富的选修课程和虚拟教育选修课程中,选择都是显著特征。在家教育其实是家长说"我们认为我们应该决定自己的孩子学习什么内容"的另外一种表达方式。远程教育、学习中心和技术证书的剧增,进一步扩大了人们对自己学习内容的选择。由此看来,标准运动可以看成是对来势汹涌的用户定制的一种保守抑制。

阿尼亚·卡梅涅茨(Anya Kamenetz)(2010)的动手实践(DIY)教育理念描述了学习者如何在机构和组织中积累自己的教育经验。当然,在这种从备选方案中进行选择的能力中有一个重要部分是经济能力。许多选择自己道路的人已经利用了他们的教育体系能提供的一切,能自己付得起代价去进行基于兴趣的学习。当格雷格·邓肯(Greg Duncan)和理查德·默南(Richard Murnane)(2011)对有关学校教育局限的研究进行调查后,他们发现,富有的家长和学习者能追求新的学习道路,是学业结果不公平的主要原因之一。随着终身学习时代逐渐发展,人们可以为自己选择想接受的教育时,学校仍将是合法学习的一个重要部分——但只是一部分。

内容：从实用技能到学科知识到学会如何学习

如前所述，在工业革命之前，教育儿童的主要目的是宗教救赎，以及帮助他们学会做那些他们成年后要做的工作。教育的内容主要集中在读写素养以及他们父母或师傅传授的技能和手艺上。尽管当时面向大众的学校已经存在，但只教授很少的几种基本技能，如阅读、写作和基本计算，以满足儿童阅读《圣经》和买卖货物的需要。普通学校的学生很少上学超过一年或两年，然而，通过父母工作时在旁边搭手以及做家务，他们确实学会了很多。绝大多数孩子都是从父母那里学会如何谋生的，但当一个儿童充当学徒去学习某一门手艺或行当时，师傅就担当了家长的角色。对于大多数孩子而言，教育的主要部分聚焦于谋生所需的实用技能。少数精英学校教授未来领导者所需的知识和技能，但这种学校的入学机会严格受到社会阶级差异的限制。

随着工业革命的到来，美国教育的重要目标变成培养孩子们在美国社会中生活的能力。学校强调学习共同的核心知识——特别是阅读、写作和算术——这些是儿童成为知识渊博公民和技术熟练工人所必需的内容。随着学校教育延伸到高中，课程中增加了很多现代发展起来的不同学科。历史、英语和公民课得到强调，以把学生培养成好的公民。增加了代数和几何课程，以便培养学生应对各种需要数学训练的职业，如财经、工程和科学。19世纪90年代召集的十人委员会，决定每一名高中学生都必须修读英语、数学、拉丁语和希腊语、历史、科学和地理，这些都是大学很重视的学科。尽管拉丁语和希腊语被剔除，让位于现代外语学科，但该委员会的建议总体上决定了20世纪的高中学校课程。

现在学校已不可能教给学生他们成年以后需要的所有知识。通过一味延长学校教育年限来适应教育不断增加的要求已经不再是一个可行的策略。因此学会如何学习和找到有用的资源正成为教育的首要目标。所以，教育的重点转向所谓的软技能，如问题解决和使用不同媒体进行交流，也转向人际技能，以便和来自不同背景的人士交互，以及学会发现完成任务所需的信息和资源。这些观点都在美国劳工部1991年的《关于获得必要技能的部长委员会报告》(SCANS)中反映出来。它认为，要想为21世纪的工作作准备，人们需要5个"核心能力"方面的教育：

- **资源**：发现、组织、计划和分配资源
- **人际关系**：和他人合作
- **信息**：获得和使用信息
- **系统**：理解复杂的相互关系
- **技术**：使用各种技术来进行工作

他们认为，这些新能力应该建立在基本技能、思维技能、责任和正直等人际素质的基础上。这份《委员会报告》中提及的初步技能后来逐渐引发了一个激烈的国际性讨论，即要想在今天的世界取得成功，需要哪些21世纪的技能。

从学科知识到学会如何学习，这个转变在不断变化的劳动力市场上感觉最为强烈。劳动力市场专家强调说，预测5年后哪些工作最为抢手是不可能的，更不用说20年、30年以后了。正如信息技术正在颠覆教育一样，它也正在就业机会方面造成混乱。例如，在20世纪的最后几十年，计算机自动化裁减了美国劳动力市场上的大量蓝领工作。现在，人工智能和物流

的发展,使许多常规工作处于危险之中。甚至卡车驾驶也深陷重围。上个世纪以来,由于工作一直在消亡,对灵活性和思维的需求不断增加,能够找到工作的人们由于生活和工作不停改变而不得不终生持续学习新的知识和技能(Collins,2017)。

教法:从学徒制到教学主义到互动

学徒制教学法包括示范、观察、指导和实践。辅导者示范如何做事,然后就在一旁观察,随着学习者逐渐获得经验,提供的支持慢慢减少。学徒制不仅是教授行当和手艺的方法,也是儿童在家中学习如何经营农场或商店、如何成为助产士、如何做家务,甚至如何阅读和写作的方法。它源于人们在一对一情境中教学的模式。学徒制是资源密集型的,因为它要求每两位或三位学习者就有一位知识渊博的成人来进行密集互动。然而,它非常有效率,因为在密切的监督下,几乎每一个人都在设法学会。在家中,年长的兄弟姐妹承担起部分教学责任;在学习某种行当时,一个师傅可能有许多学徒,其中最有经验的学徒能帮助教授新手学徒。

对于大规模的学校教育而言,学徒制不是一种可行的方法。当学校里充满了学生时,它们要发展出一种使教师能够教授大量学生的大规模使用的教学法。工业时代学校教育的教学法是让少量教师向大量学生讲授知识和技能,指导孩子们通过回答问题和做家庭作业来进行操练,然后进行考试,看他们是否学会了所教的内容。讲授是最有效率的教学法,因为教师只需要将自己的知识和能力通过讲话传递给学生,不需要其他资源。进步教育者认为学生要积极参与而不仅仅是听老师讲课才能学得更好,于是逐渐采纳了一些让学生参与的新方法,如让学生回答问题、背诵学习内容、填写表单、完成作业、进行项目和讨论等。学校教育的教学法从拉里·库巴（1984）所描述的早期让学生依次背诵美国东海岸所有海湾的名字开始，经过了很长时间的演变和发展。但公立学校教育采用的依然是一种大批量生产的教学法，质量控制非常有限。

终身学习时代的教学法逐渐向互动方向发展。有时这意味着和丰富的技术环境互动，如计算机导师或视频游戏，有时也通过虚拟网络和他人互动。计算机导师的教学法呼应了学徒制，为学习者布置个性化的任务，在学习者学习时提供指导和反馈。这种指导性教学法拓展到了计算机导师的范围之外。例如，讨论版兴趣小组可以针对如何解决一个有关某视频游戏的疑问、是否做一笔可观的棒球生意、为了平衡投资组合应购买多少股票等问题提供具体的、任务层次的建议。又如，一位远程学习教师会密切监控一群学生在完成一个布置的项目时进展如何。

计算机不能代替一对一社交互动中的那种丰富而微妙的好处。但网络能提供大批量生产课堂中缺少的一些社会互动。虚拟网络，比如同人小说网站，能让人们进入一些学习共同体，这种共同体能支持学徒制共同体中常见的个性化互动。

92 评价：从观察到测试到嵌入式评价

在学徒制时期，辅导者仔细观察学习者，在他们前进过程中纠正他们的错误，给他们布置他们已经有所准备的任务，看他们是否成功完成。这种密切监督和反馈的循环帮助学生从错误中学习。这种循环也能让辅导者理解学习者的能力，预料到学习者处于新情境时可能会遇到的问题。辅导者通过给予学徒挑战程度恰当的任务来防止失败，任务不能太容易，否则学习者会感到枯燥,也不能太困难而招致失败。当学习者真的犯错误后,辅导者能回顾所做的一切,发现是什么导致了失败。这种情境下的评价不涉及到获得分数或考试不及格。它只是意味着在你学习时得到反馈,获得关于如何改进的建议。辅导者能清晰地了解每位学徒能干什么;学生也得到了一个关于哪些方面还需要学习的评价。

在学校教育时期,这种资源密集的观察、反馈和再次尝试过程对于一个大众市场来说变得过于昂贵。考试作为决定学生是否获得了所教技能和知识的方式开始出现。如同学徒制一样,教师的责任是形成性地观察学生,提供关于学习进步的直接反馈。但学生太多,教师经常无法评价较长时间内课程的累积效应,因此一般性考试被开发出来,用以追踪学生是否学到了足够的知识从而可以开始更高一级的学习。到了 20 世纪晚期,考试开始被用于评价学校和教师的质量以及学生的进步。考试经常牵涉到某种淘汰,因此带来了及格和不及格的观念。这导致了对学生的排名,并最终给那些学困生带来一种失败感。

在终身学习时代,和学徒制一样,评价又开始围绕着学习者的兴趣和能力交汇在一起。在计算机支持的学习环境中尤其如此。正如第 5 章所讨论过的,这种评价有两种形式。首先,评价可以出现在计算机自适应学习系统中,此时的评价在学习者完成任务的过程中出现,以提供一种持续的支持,衡量学习者是否完成了目标。这种评价更像是学徒制场景下的评价,评价是持续的,与学习紧密结合。当学生需要帮助时,计算机就会提供关于如何前进的提示和建议;当学生犯错误时,计算机就会指出错误,把他们引向正确的答案。

其次,评价可以发生在一个虚拟的亲和群体中,比如同人小说网站或创客空间中。当参与者开始创作产品时,这些产品可以由群体中的其他成员进行评判,从而得到关于作品价值的反馈,以及怎样改进他们作品的评论。作为这些亲和群体中的参与者,得到反馈也就意味着承担起对他人作品提供反馈的责任。在这两种情况下,计算机使得在持续进行的学习过程中针对个体学习者的个性化评价变得更容易。得到这种个性化的即时反馈使得从错误中学习变得更容易。由于评价能提供恰当的支持,它能保证每个人成功,并获得一种成就感。

地点:从家庭到学校到任何地方

学徒制时期,大部分工作都在当地完成。远离农场、城镇或村庄的旅行花费对绝大多数人来说都过于昂贵。结果,学徒制主要聚焦于家务活和家庭手工业。儿童在家中从家长或亲戚那里学习执行成人的任务。在城镇和城市,儿童会被送到学校呆上一到两年,但由于要维持家庭或当地产业,一旦孩子们有工作能力时便将他们吸收进工作场所。教育的主要场所是家庭、农场或农场附属的商店。

随着工业革命的到来,家长开始到城市或工厂里工作。最初孩子们也被期望参加大人们的工厂生产,被安排做一些小孩适合去做的工作。19世纪后期美国和英国的社会改革者报道了一些工厂虐待童工的骇人听闻的故事,他们开始想办法提供一些仅仅适合孩子的备选场景的工作。随着虐待童工的报道吸引公众注意,推行普及性学校教育看起来能提供一个解决方案,来容纳那些不再在农场和工厂工作的孩子们。

改革者与公民领袖合作为孩童创立学校,让他们学习知识和技能,成为新的城市和工业文化中的公民。学校逐渐被看成是教育发生的主要场所。不久其他机构也采用学校模式作为组织学习的地方,如医院、工作场所、军

94

队和企业,都设立了类似学校的场所去培训人们完成某种任务。这些机构不仅采用了学校这个理念,他们还采用了学校的大批量教学技术。诺曼·弗里德里克森(Norman Frederiksen)(1984)讲述了一个故事。在二战中他被安排去改进对海军枪炮军士的评价。所要评价的工作是要求士兵清洁甲板和保养枪支,但他发现教学通过讲授进行,考试也是纸笔测验。他提议根据枪炮军士真正执行的任务进行一次实际操作考试。教官对此表示反对,因为他们认为学生不能及格。正如这些教官所预料到的那样,所有的学员都在实际操作考试中失败了,但弗里德里克森坚持将新的考试形式保留下来。学员们在考试失败后,要求教官教会他们如何完成那些要考试的任务。不久他们在实作考试中的表现变得和他们以前在纸笔考试中的表现一样好。这个故事说明了学校教育如何成为了组织性学习的主要隐喻——它在教授实用技能方面是无效的。

现在教育正转向许多不同的场所,在那里学习材料可以在计算机和网络上得到。面对面的人际互动在所有学习形式中依然具有重要价值,而且它很可能永远不会被虚拟学习完全替代。然而,在线学习环境的易得性正在极大拓展教育发生在何地这个概念。终身学习者经常运用一些新媒体技术,比如智能手机,进入他们的学习环境和共同体。许多城镇和建筑物都提供无线联网,这种连接正在迅速传播。我们正在接近一个人们能随时随地进行即时学习的时代。

文化:从成年人文化到同伴文化到混龄文化 95

工业革命之前,成年人定义文化。孩子们被看成(如果他们真地被看成)需要学习社区中成年人文化的小大人。尽管他们会和兄弟姐妹或其他学徒密切关联,但工作是严肃的事情,学习做这份工作对他们自己和他们家庭的生存至关重要。那种认为存在一种独立的青年文化,或甚至将青春期作为一种成长类别的观念,在学徒制时期并未出现。所存在的青年文化主要反映的是成年人所认为的对于年轻人来说适宜的活动或经验。

正如詹姆斯·科尔曼(James Coleman)(1961)指出的那样,随着工业时代学校教育的到来,一种独立的青年同伴文化也出现了。这种新的同伴文化反映了青春期年轻人的想法,并且,随着20世纪的进一步发展,同伴文化经常与成年人文化的期望和价值观相抵触。初中和高中把同龄的孩子们集中到一块,带来了同伴文化的发展。孩子们必须足够年长、聚集足够多的人数才能构成具有自己信念和价值观的共同体。当同伴文化发展起来以后,它便开始反映青春期阶段所新发现的各种兴趣和需求。

1980年代,佩内洛普·埃克特(Penelope Eckert)(1989)描述了一所典型美国高中的同伴文化如何在两个极端之间发展起来:一种是热衷者文化(jock culture),一种是倦怠文化(burnout culture)。热衷者包括所有积极参与学校活动、玩学校游戏的学生。倦怠者指那些对学校和教师怀有敌意,经常吸毒或从事非学校指定活动的学生。尽管Eckert发现绝大多数学生位于这两个群体之间,但这两个群体却构成了学校文化的中枢。青春期同伴文化改变了娱乐、时尚和广告业,成为吸引那些在学校文化中没有找到归宿的年轻人的注意力的竞争者。

基于兴趣的在线文化的成员有不同的专长和年龄层次,随着教育与这种文化联系越来越紧密,学习受到当地同伴文化后果的影响可能更小。正如前面第5章讨论过的,米密·伊藤等人(2010)归纳了几种类别,包括闲逛、摆弄和痴迷,这代表了另外一种看待新媒体文化多样性的方式。用伊藤的话说,从闲逛到摆弄的转变很可能产生更多不同年龄的人们在一起学习

96

的情况。这很可能创立一种新的混龄学习文化。

关系：从个人亲情联系到权威人物到与
计算机中介的互动

　　学徒制时代，孩子们从当地的成年人那里学习知识。大部分教育来自于父母或近亲朋友。孩子们和这些教他们的人之间建立了亲密的关系。这种亲情联系对他们的学习有很多重要影响。孩子们知道，如果自己不努力，他们就会让这些对自己的生存至关重要的人感到失望。在贫穷或是机会有限的年代，如果孩子没能顺利完成学徒生涯，真的会让他们的家庭雪上加霜。因此绝大多数孩子尽力多学，来让这些教他们的成年人满意。

　　随着普及性学校教育的到来，孩子们和教师必须在每个学年之初重新建立关系。考虑到他们一开始并不熟悉，一对多的师生比例导致很难建立学徒制中常见的那种亲密关系。能否与学生建立持久的学习关系，经常取决于教师是否表现出了控制教室的权威。在大多数初中和高中，教师从一开始就必须建立起自己的权威，否则他们就不可能坚持很久。那些认识到学校教育对自己未来价值的学生，更有可能把教师权威看成让学校教育运作起来的垫脚石。如果学生不承认教师和学校的权威，教室中就会充满各种矛盾。学校中权威的给予和接受有明显的权力关系。

　　终生学习恢复了学徒制学习所具备的一些关系特征。当学生参与网络社区或修读远程教育课程时，他们基于共同兴趣通过因特网与教师和其他学习者互动。这些虚拟互动不像学徒制中的互动那样丰富，但经常要比学校中有限的师生互动更丰富。

　　基于计算机的学习环境也在以另一种方式影响着学习关系：计算机系

97

统对作为个体的学生了解有限，不能提供优秀人类教师所具备的热情和支持。同时，系统以一种不加批评的、公正的方式提供针对性很强的定时反馈。在基于计算机的学习场景中，很多东西都遗失了，因为我们通过和自己熟识、尊敬的人互动来学习才是最自然的学习方式。但计算机环境的高度交互性能部分地弥补了人际关联的缺乏。考虑到计算机环境的局限性，学生最好在作为共同体一部分的计算机中介的环境中学习，这样既可以在线下和朋友、家人一起学习，也可以在线上与那些有共同兴趣的人一起学习。

教育中的关键变革

也许从学徒制时代到普及性学校教育时代最引人注目的变化是国家接管了对儿童进行教育的责任。国家控制教育，带来了大众教育模式的诞生，即把学生按年龄组别集合起来，推进标准化的课程和评价方法，重组师生关系。我们认为，在终身学习时期，乐于提高自己学习的人会开始从国家手中收回教育责任。但同时，那些不愿意利用或不会利用推动终身学习的各种新技术的学习者，则很可能要遭受痛苦。

第7章　会失去什么,会得到什么

新信息技术到处改变着学习。正如我们所见到的,新信息技术引发的震动从根本上使教育、学校教育和学习世界受到了摇晃。与以往任何一次革命一样,既会有得,也会有失。一些悲观主义者看到人们正在媚俗于技术,看到在技术统治我们生活时许多人被抛在后面。从这个视角来看,技术正联合起来,把人们深刻思考的能力抛到一边(Carr,2011)。机构变得更加软弱,不能实现自己的社会承诺,人们日益失去了自己生活的力量。乌托邦主义者看到的是一个学习的黄金时代在我们眼前展开,人们能够找到资源,去追求他们所想要的任何教育。无论是乐观还是悲观的预测,都很难真正预测未来。上述每种观点的一部分以及我们不可能预测的结果,都会逐渐到来。在本章,我们要思考一下当前学校教育和技术之间的紧张关系所引发的恐惧和带来的希望。

会失去什么

在托马斯·杰斐逊和贺拉斯·曼的愿景中,公共教育要把人培养成良善的公民,并把他们融入共同文化之中。贺拉斯·曼非常关注民主如何将移民纳入美国社会,这样他们就能发展其公民常识和社会凝聚力。20世纪,公立学校教育成为满足贺拉斯·曼的关注的最好途径。能够接受来自所有家庭的儿童,能够纠正不利的社会阶级地位,让所有学习者享有机会的课程,这种公立学校教育体系正是教育改革者原本的梦想。公立学校教育的这种未来可能的愿景,持续激励着一代又一代教育者、研究者、改革者和政策开发者。尽管充分实现这种梦想反复遇到失败,但教育,而不是其他任何机构,承载着这样的梦想——建立一个克服前人错误和不公平而不断改进的社会。

教育的前景取决于将学校教育和学习等同起来。如果我们把改进学校教育作为更好生活的关键道路,那么理想状态下,我们就能继续控制我们朝光明未来进步的能力。私立学校、宗教学校、特许学校和在家教育使社会注意力不像过去那样强烈聚焦于改进教育的某个唯一的联系点上。基于兴趣、技术驱动的媒体的出现,已经急剧分化了这种将学校教育与教育的等同。

创造备选道路来达成当前教育体系的成果,导致基于兴趣的教育分化了当前的教育体系。新技术让家长和个体都承担了学习数学、科学和阅读等核心科目的责任。例如,家长可以招聘私人家教或报名参加学习中心,来为孩子在学校所受教育提供补充。在加拿大的安大略省,24%的学龄儿童家长雇佣了家庭教师,50%的人宣称,如果付得起费用他们也会雇佣家庭教师(Davies & Aurini, 2006)。学生们也可运用可汗学院,报名参加 Edx 或开放大学的课程,来获得其他备选的学习证书。家庭教师、学习中心和在线课程增强了参与者的学习。然而,当那些能够参与这些补充课程的学生和那些局限于学校所提供资源的学生竞争时,这就创造了一条备选的学习道路,这条道路削弱了学校面向所有学生提供公平学习环境的能力。

这些备选道路的更激进版本是让家长和学习者彻底离开公立学校。这对于那些付得起学费或能够在家里教授小孩的家庭来说当然是办得到的。新技术通过提供更高质量的学习工具来加强这些备选项目。选择离开公立体系，使得教育被分化成基于兴趣的更小群体。能够这样做的家庭分裂成小型学校，这种学校能支持他们的宗教或政治观点，开发一些能解决他们育儿过程中的忧虑的课程。正如戴维·布鲁克斯（David Brooks）（2004）所说，我们正蜗居于自己的小"文化地带"，想法相同的人们在此聚集。

101

通过分化成小的兴趣群体，培养公民品德和社会凝聚力的目标有可能会被削弱。美利坚合众国刚诞生时，考虑到各州族裔及其价值观的差异，人们曾经普遍担心它是否能作为一个联邦团结一致。这些差异导致了后来的美国内战。在一个多样化的移民国家创造联邦的持续努力贯穿着整个20世纪。在20世纪50年代前，对于商业媒体和公共媒体的集中控制曾经创造了一个单一文化的表象，这种表象导致了普遍文化的出现和和对公共机构的支持。然而，在20世纪60年代和20世纪70年代，由于青少年文化和民权运动的兴起，这种单一文化开始分化。学校教育继续被认为是所有人教育机会均等的公共道路，然而共同文化感被削弱，导致更强的消费者伦理出现，根据这种伦理，每个人都能根据自己的兴趣做出选择。颂扬这种兴趣和选择，也削弱了对公共学校教育的共同承诺。

当代学校教育本身的技术转变也导致了未曾预料的后果。在20世纪90年代和21世纪，学者和政策制定者都关注数字鸿沟——穷人和富人在得到电脑和网络的机会上存在差异。学校一直是许多移民和少数族裔人士进入美国主流社会的方式。正如拉里·库巴（2001，2013）所述，将计算机纳入学校的努力被占据主导地位的现有教学和学习实践挫败。如果学生在家中付不起钱购买新技术，在学校里也得不到，那么贫穷学生就会被剥夺学习新技术的优势。

在 21 世纪 10 年代,这种局面有了变化。由于大多数人都通过移动设备、平板电脑和游戏系统获取虚拟资源,在线获取资源方面的贫富差距正在减小(Anderson,2017)。然而,新的数字鸿沟又以亨利·詹金斯及其同伴(2007)所称的"参与鸿沟"形式呈现出来。一些学习者来自虚拟资源渗透日常互动的家庭,他们被孩子们挑选出来,作为自我设计的学习环境的关键组成部分。这种情况很少发生在那些把技术仅仅用于娱乐或社会交互,用 YouTube 或 Google 去帮助完成作业的孩子身上。如果学校没有把虚拟学习资源和在日常教学实践中支持这些工具的设备纳入进去,那么学生带入课堂的知识和技术方面的不公平问题就得不到解决。

尽管存在常见的分轨、隔离和市场分割,公立学校依然是美国最能培养公平的机构。正如马丁·卡诺努瓦(Martin Carnoy)和亨利·列文斯(Henry Levin)(1985:2)主张的那样,"与工作场所和社会上其他更大的机构相比,学校教育能产生相对更公平的结果。"那些选择把资源带出当地学校体系之外来支持自己孩子学习的家庭,削弱了学校为所有家庭创造更好机会的能力。减少系统中的资源很可能使贫穷学生与各种资源互动的机会更少,与同伴互动更少,而这些本来会成为他们发展的全新机会的。危险在于,公立学校会留下毫无其他选择的学生,而那些能为孩子提供更好教育的家长却会享受新学习技术创造的环境。

教育长期以来一直被家长视为在美国领先一步的关键因素。这反映出接受过大学教育和未受过大学教育的人之间在收入方面越来越大的差别(Murance & Levy,1996)。即使学校实施了一些政策帮助一些学生冒尖,比如说天赋和才能项目、先修课程和分轨制等,但公立学校仍被看成是主张平等的机构。因此,家长正花费更多金钱去为孩子购买教育服务,如富于教益的视频和游戏、基于计算机的资源、私立学校教育和专业辅导,这样他们的孩子就会占得先机。贫穷家庭不能购买这些服务，甚至不知道还有这些服务，这会加剧公立学校一直试图减轻的教育不公平。

如第 5 章所描述的，新媒体技术正在使就业市场变得不够稳定。所带来的工作世界的不稳定使许多决策者、家长和学习者将他们以为更安全的教育道路提供给劳动力大军，比如计算机科学、商业、医药和通讯。在一个不确定的就业市场上，孩子们是否会被引导沿着他们父母同意的狭隘道路行走，如沿袭某种特定的宗教或就业方向？这将使人们很难与那些来自不同背景或持有不同观点的人相处。另外，孩子们在职业方面的考虑也会很有限，因为家长也许想限制孩子们的选择，正如学校教育普及之前所发生的情况一样。贺拉斯·曼的公共学校教育观念是建立一个使社会更具包忍性的制度，人们在其中能遇到不同的观点和不同的人。这些是否会因教育的割据而突然停滞？

最后，面向学习的虚拟互动占据主导作用，是否会使人们变得更加与世隔绝，是否会因此使人们和其他人进行社会交互的频率变得更少？正是通过和起支持作用的辅导者和教师的互动，人们受到激励去发奋努力，学习困难的主题。隔离可能会导致社交技能和社会凝聚力的丧失。学校传统上是孩子们学会信任他人、与他人合作的场所。虚拟工具对社会凝聚力的影响是一个生动鲜活的研究领域。谢里·特克尔（Sherry Turkle）（2015）感到疑惑的是，与虚拟设备的互动是如何损害孩子们的交谈能力的。尼克拉斯·卡尔（Nicholas Carr）（2011）宣称，新技术导致的注意力分散，削弱了我们把注意力集中到更长、更复杂观点上的能力。贾伦·拉尼尔（Jaron Lanier）（2011）提出了一个存在主义问题：当我们在超越自身控制的虚拟世界中建立数字身份时，我们是谁？罗伯特·帕特曼（Robert Putnam）（2000）已经充分证明参与社区组织的人们信任在减少，人数在下降。我们担心教育的技术化会进一步降低美国人的社区意识，与此同时，我们也担心人群会变得更加多样化。

这些问题中有许多因为20世纪80年代私有化倾向扎根而变得更加严重。在全世界范围内有一种越来越明显的倾向，但在美国尤其突出，那就是鼓励人们成为各种市场的消费者。尽管这使那些聪明的人们能自己做出更多选择，购买自己的教育资源，但却使那些未受过良好教育或不够富有的人们在获得教育资源的竞争中进一步落后。把教育看成是消费者市场，会加剧绝大多数共同体的教育不均。到目前为止，技术是一种加大而不是减少不公平的力量。

归纳一下对未来的悲观看法，我们把技术看作一种市场驱动的压力，它会加剧不平等，分化学校教育的公开承诺。精英们获得更多资源，以使他们的孩子在教育竞争中占据优势。当孩子们还未上幼儿园之前，他们就为孩子购买了游戏、设施和项目；他们把孩子送到昂贵的幼儿园；他们在孩子们很小时就为他们购买了电脑，这样他们可以学习网上冲浪，获得关键的技术技能；他们送自己的孩子上私立学校，或者在精英公立学校附近的街区购买房子；他们为孩子的学校贡献时间和资源，这样他们就能为孩子提供最好的学校教育。如果孩子们学习困难，他们就给孩子聘请家庭教师。他们送孩子去上当地学习中心为准备学术能力评估测试（SAT）和美国大学入学考试（ACT）举办的预备课程。精英们能够并确实在为自己的孩子购买最好的教育，好让他们在以后的竞争中占得先机。

各州法院规定各州把资源在城镇和城市之间平均分配，试图以此恢复公平。但许多来自各州的精英人士竭尽全力抵制这种资源的重新分配。一个极端的例子是，佛蒙特州一个富有的县，当面对着要把资源再分配给该州更穷的县的命令时，竟试图脱离佛蒙特州而加入到河对岸的新罕布什尔州。

在全国不同学校之间更公平地重新分配资源非常困难,现在海量技术资源的易得性进一步加剧了这个问题。要缓解这个问题,需要比当前教育者拥有更开阔的教育眼界。

会得到什么

技术所提供的最美好愿景之一,是让学习变得更有吸引力。教育会更加针对人们想学的内容,因此他们会更加兴奋,更容易被吸引到学习上去。例如,实行在家教育的家长常常鼓励孩子去探究他们更加感兴趣的主题。他们试图在这些情境中嵌入重要的学习目标,如数学和写作,这样孩子们就能全身心投入,有好的表现。另外,当人们在远程教育或成人教育中选择课程时,他们会选择有助于自己的事业或能反映自己长期兴趣的主题。当然,当人们在 YouTube 上观看或制作视频、玩多玩家游戏,或参与资源众包的学习共同体时,他们变成了学习共同体的成员,因为他们看重该共同体的工作。在新媒体技术的辅助下,从被动学习向主动学习的转变会对学生参与产生深远的影响。

教育的商业化会增加不平等,但它也可能增加学生在学习上的投入。商业公司开发的产品,无论是课程、视频还是软件,其设计都是为吸引购买者和消费者。当人们在可汗学院、TenMarks 和 YouTube 的网站上投入并进行创作时,这些网站就最能欣欣向荣。来自新媒体技术的收入来源正日益从消费者直接支付购买产品和服务,变为网站吸引的参与者所产生的广告收入。像 Wikipedia 和 Reddit 这样的网站对参与者都是免费的,因而极大拓展了可能用户的经济覆盖范围。

新媒体教育市场很明显正在迅速成长,许多公司,如 Google 和 Amazon,

都进入了这个领域。他们正在开发许多对人们明显具有吸引力的新教育路向。当地区学校的垄断被打破时,它会放开教育机构和产品去争夺生源。但这个问题依然存在:谁在购买,怎么购买?

另外一个潜在的好处在于,计算机自适应学习工具能够定制教育,满足个体学习者的特定需要和能力。计算机学习环境通过精心设计,能在学生需要帮助时为他们提供暗示和支持。这种支持可以仔细分配,使学生尽可能多地得到帮助,但又不会太多。这能使学习者完成他们本来不会去尝试,尝试时又不能成功的任务。因此,学习者会被给予一些对他们来说有挑战性的任务,从而让他们学到很多东西,在完成任务时能体会到一种成就感。这样,计算机环境能够符合学习者的能力,帮助所有的学习者取得成功。

技术也使得通过网络随时随地获取知识变得可能。学习的普遍易得会带来深远的影响。如果人们在家中能够联网,那么在未来,他们动动指尖就能获得全世界的知识——不光是以文本的形式,还包括视频、辅导和模拟的形式。在一个理想的世界中,普遍联网甚至能被提供给全世界的穷人。电脑与学生比例达到1:1的美国学校正变得越来越普遍。当投入使得1:1成为一个可行的目标时,我们最终会见到一个临界点,在这个临界点上技术的普遍性会重新界定教学和学习。

当教育经过调整变得更符合人们的兴趣和能力时,学校常见的学生之间的竞争就会减弱。在学徒制时代,琼·拉韦(Jean Lave)(1988)认为几乎每一个人都能成功地学会教给他们的技能。学校的一个基本问题是,孩子们总是把自己和别人进行比较,只有最好的学生才觉得他们是成功的。学校的竞争是如此强烈,以至于许多学生被一种失败感所笼罩。为了应对这种感受,许多学生把精力转移到课外活动,脱离群体,甚至辍学。即使对于成功的学生而言,获得分数这种目标也不能激发他们真正爱上学习。在兴趣驱动、技术丰富的环境中,人们更可能在围绕共享同兴趣组织的共同体中找到自己的学习方式,这样,失败作为学习经历的一部分,就能被看成通往更广泛实践共同体的一个步骤。

如果人们在工作中或家里的虚拟环境中学习,他们只有为自己的学习担负责任才会成功。过去,当国家接管教育儿童的责任以后,家庭和个人将大部分责任推给学校。许多学校儿童似乎抵制学校去教他们任何东西。但除非人们能为自己的学习承担责任,否则他们学不到太多。教师们努力激励学生为自己的学习承担责任,许多人成功了,但也有许多人失败。技术也许能产生兴趣驱动的空间,让学生们为自己的学习担负责任。

实现潜能,降低风险

我们的希望是,当更多的孩子和成人能意识到教育对于成功有多么重要时,越来越多的社会部门能充分利用那些基于技术的资源所创造的新机会。我们也看见技术变得更便宜,更多技术资源可以免费得到。信息技术革命令人激动的部分,在于有多少新资源可以让任何能够上网的人免费得到。大多数人将能够随时以自己的步速参与到他们想参与的基于学术或基于兴趣的教育活动中。

新兴的教育体系可能带来的损失是否会超过它所带来的好处,这依然 ¹⁰⁷ 是一个值得争辩的问题。社会如何行动去利用这种潜能,降低风险,是一个值得人们及时关注的问题。技术有可能让孩子们参与深度学习,使学生受到最好的教育。我们全社会的人都应该考虑如何使这个潜能得以实现。学校如何才能最有效地利用技术革命呢?我们如何利用校外的技术资源呢?

第8章　学校如何支持新技术

我们现在有一个好机会，去重新界定教育与学校教育之间的关系。新媒体技术正在创造通往传统学术目标的新道路，也在为基于兴趣的学习铸造生产和交换的虚拟共同体。这是教育者的好机会——一个我们150多年来未曾遇见的好机会。为了行之有效，正在努力建立一个新教育体系的利益相关者必须理解推动这场革命的技术的必要条件。

我们已将这些必要条件概括为用户定制、交互、学习者控制。用户定制是指在人们需要的时候提供他们所需要的知识，并在他们学习的时候提供个性化的支持与引导。交互是指计算机为学习者提供即时反馈，并积极吸引学习者完成真实任务的能力。学习者控制指只要有可能就让学习者掌控自己的学习，以使他们感受到自主权，能将自己的学习引向任何自己感兴趣的领域。

美国公立教育的变化，可以很时髦地被理解为一个钟摆，它在学校由当地和社区控制与学校由集中的国家控制之间摇摆。在1990年代和2000年代早期，这个钟摆似乎远离了当地控制，而摆向了国家界定的标准和标准化测试。为了结果的公平，联邦和各州的政策已在推动标准化教育测试，以及迫使各个学校在课堂上采用统一的方法，由此来强调绩效问责。尤其是在城区，这种对问责制的强调已然带来了混合性的结果。标准化考试的结果表明,新问责制政策在全国范围内改进学生学业成绩方面已经取得了一些进展(Hanushek & Raymond,2005)。然而,高利害测试有可能会鼓励教育者去钻体制的空子,在没有明显改进学生学习的情况下,却产出体面的报告结果(Amrein & Berliner,2002;Jones,Jones,& Hargrove,2003)。110

作为问责制的一个副产品,学校已经极大增加了它们的技术设施。几乎100%的美国公立学校采用了复杂的数据分析和学生信息系统工具,大多数学校采用了某种形式的学生管理系统。2010年,99%的美国公立学校学区都有学生信息系统,77%有数据仓库(data warehouse),64%有课程管理系统(Means,Padilla,& Gallagher,2010)。2014年时,管理和信息技术的全球市场已经剧增为一个10亿美元的产业(Herold,2014)。21世纪,学校又开始投资建设计算机自适应评估工具,运用计算机自适应测试技术,针对学生学习提供基于标准的即时反馈(Burch,2010)。这些技术方面投入的动机,是为了应对基于标准的绩效问责制。为应对信息需要而导致的技术能力,把学校领导和管理者带入了21世纪。

现在这个政治钟摆又摆向了当地和社区对学校的控制。2009年,经过长期努力,《共同核心州立标准倡议》强势发布,界定了什么是面向所有学校和学生的高质量数学和读写学习这个问题。与美国教育部的《争创一流倡议》相呼应,《共同核心州立标准倡议》要决定在美国什么是好的教学和学习。但在2010年代中期,政治右翼和左翼评论家宣称,推进全国标准和绩效问责削弱了家长、社区甚至学生在界定教育项目和结果的过程中所起的作用。2017年,当地方领导人和国家领导人都在辩论接着会发生什么事情的时候,《共同核心州立标准倡议》的未来、美国教育的集中控制和绩效问责制都处于危险之中。

这种国家控制学校教育的倾向是与用户定制、交互和学习者控制这些技术必要条件的本质背道而驰的。为了应对这些必要条件,学校需要容纳技术,这样在学生如何学习和学习什么方面体现更多的个性化支持与选择。

它们需要使用技术,让学生参与更多更具挑战性和真实性、能反映出知识在真实世界中运用的任务。这些活动应该比目前的学校活动更加个性化更加针对学生兴趣。这些任务对学生来说必须是有意义的,同时更直接针对学生长期目标和兴趣。这些必要条件对于课程、评价以及公平的设计有深刻启示。

这里我们提出几个政策开发领域,去帮助公立学校充分利用新媒体。我们希望这些方向的行动会帮助公立学校参与而不是抵制当前的教育改革。我们并不需要从头开始建立一个新的教育系统。设计一个更好的教育系统意味着能理解现有系统的哪些部分能最好地重塑、整合或是淡化。本章中,我们会讨论三个也许能够帮助我们吸取新旧系统精华的方面,分别是:基于实作的评价、新课程设计、数字世界中通向公平的新途径。

基于实作的评价

全国上下关于标准化测试的痴迷让一些研究者开始寻求如何测量学习的新理解。我们将会突出最近工作的两个方面:全国性证书和基于技能的评价系统。

一种能够将目前已有的学习途径和新途径组合到一起的方法是开发一套全国性证书,这可以在电脑上实施,或是由学校、学习中心经过训练的专业人员进行。人们可以申请他们想要的证书,没有数量限制,并且可以在他们认为自己准备好了的时候参加考试。这一点与学校不同,学校中的考试时间取决于教师和学区的决定。这些证书所聚焦的领域要比高中文凭狭隘很多。它们并非学位、学历一类的机构认证，而是去证明某位学习者一些具体技能方面的专长。

将认证与学习者以及家长的具体目标捆绑到一起，评价就能更加贴合用户定制以及学习者控制这两个技术必要条件。如果学习者的目标是成为一名医生，他/她也许需要取得一些证书以证明其在化学、生物、心理学、大学水平的读写能力以及数学技能等方面的专长。如果一个学习者想成为旅行代理商，他/她需要具备阅读、听力、解释、地理、心理学、资源管理、日程规划等方面的专长。家长和学生需要一个在线系统让他们来咨询问题，以了解选择不同的职业究竟需要哪些证书，要获得每种证书需要知道些什么，以及需要用到什么样的方法来获得这些必需的知识。

我们认为应在如下三个领域开发上述认证：学术技能、通用技能、技术技能。在学术领域应有一份认证不同水平的阅读和写作能力的英语能力证书，以及历史、数学、语言、科学、艺术和其他学校学科的认证考试。与现在的学位系统类似，获得某一水平的证书将允许学生开始进入下一个层次的学校教育。只要人们愿意，他们可以参加一些课程以准备这些考试，或者自学。一些人也许会考取很多证书，一些人也许获得的证书会更少一些。

通用技能证书将会遵循劳工部《SCANS 委员会报告》(1991)的一般准则。报告中建议了五类能力范围：资源配置、合作、获取和使用信息、理解复杂系统以及使用各种技术。每种领域中都会有许多不同的证书。技术技能领域将聚焦于工作场所中所需的特定技能，例如汽车故障诊断、编码和网络管理等。学生能够选择他们想要获得哪些证书，他们也预先知道，在完成评价所要求的任务时，自己的表现会被如何评判。

学生为哪些证书而努力的选择权取决于他们的职业兴趣与计划，由他们自己和家长做出。当然，认证系统存在的一个问题是，有些学生不确定自己应该选择哪种教育路线。在这个新的教育世界中,大多数孩子仍然会继续在他们就读的小学和中学中学习,以保证他们能够接触到不同的学生和教师,并能够设想出不同的教育路线。然而,这些学校的内部组织将不再基于卡内基单元的具体课程,而是围绕着认证的要求来组织。在下一个层次,学生将继续修读一系列规定的认证课程,但在选择自己喜欢的认证科目方面会有越来越多的自主权。为了帮助他们做出这些决定,他们应该能够进入一个多媒体咨询系统,以了解不同工种、企业和行业的雇主们更看重哪些证书。

到目前为止,这种设计听上去就像是现在高中的必修课和选修课设计,不同的是由学生而不是教师决定何时参加考试。所有一切都将取决于证书认证系统的一贯性。为确保认证系统的一贯性,内容专家必须就什么知识是有价值的这一问题达成一致。认证标准程序会建立在全国数学教师协会(NCTM)或进阶先修项目(AP)现有的关于学科内容标准热烈讨论的基础上。这种关于什么知识值得知道、值得认证的对话,能够引出学校教师和技术教师之间的共识领域;这种对话也能够指出,全国标准运动该如何描述学生们在受过教育之后,他们真正需要知道什么知识、需要去做些什么。

计算机正在变革我们测量人类所知的传统方法。正如第5章所讨论的,计算机自适应学习系统利用测试者先前的回答,来选择能最好地测量学生所知内容的项目。如果一位学生答错一题,系统将会提供一道更为简单的题目;如果学生答对了,他/她将会得到一道更难的题目。目前 GRE 和 TOEFL 就在使用计算机自适应测试技术,这种技术能开辟一系列的评价应用,将学校教育和学习的新老途径连接起来。

计算机测试也将有助于获得各种职业所需要学习的知识和技能。这些评价能让研究者具体列出并测量之前只能通过实作表现来观察的专业知

识。米斯利维(Mislevy)、斯滕伯格(Steinberg)、布雷耶(Breyer)和 Almond
(2002)所做的以证据为中心的评价研究,表明了如何围绕专家知识的精细
模型来设计评价,如何利用评价来测量如牙医这类职业所需的知识和实践。
这些基于证据的评价将要评价的知识、可以表现知识的行为、引发行为的任
务连接到一个计算机自适应测试系统中。这种评价系统背后的知识模型很
复杂且难以建构,但它们指明了 K-12 学校教育所发展技能和知识的测量
可以如何拓展去获取专业知识。

114

以证据为中心的评价还可以与认证系统一同使用,从而将教育讨论聚
焦于学习结果上。这样,评价活动就会更像由教育、商业和评价共同体中知
识丰富的成员所开发的真实任务。学生可以尝试去获得证书,只要他们想
要,多少次都可以。评价中心的评估人员则有责任帮助学生了解自身实作
的优缺点,以及在下次尝试考取该证书时应如何提高。取得证书使得学生
有机会让知识丰富的专业人士认可自己的成就,并由这些专业人士共同体
所承认的标准进行评价。

学生可以创建一个证书档案袋,以备日后找工作或申请大学时使用。
不同于目前高中和大学的文凭认证,基于实作表现的证书认证系统是与对
于成人学习非常重要的知识与技能联系在一起的。开发基于实作表现的证
书系统,也会迫使教育者更加仔细地界定他们希望学生学些什么、做些
什么。

新课程设计

无论是新型的教与学,还是在新的组织学生与教师互动的方式上,新媒
体技术都为课程开发开辟了新的道路。我们所欣赏的一类课程设计,是利

用技术来帮助学生围绕自己的目标和兴趣来聚焦学习。这种学校会根据学生的目标和兴趣安排课程，而不是根据他们的年龄或学校中普遍使用的课程（更多相关描述参见 Collins，2017）。

正如第 5 章所讨论的那样，创客空间和青年媒体艺术组织提供了一个模型，来显示这些项目在学校里是何种模样。课程可能始于儿童早年，围绕他们感兴趣的主题展开，如家庭、宠物、体育或恐龙，接着提升到电影制作、媒体生产、生物医学或商业管理等领域。传统的学术技能，例如阅读、写作、数学、科学、历史和地理，将会被整合进每一门课程中。学生围绕他们关注的主题进行调查和探究。

学校鼓励学生们长时间学习某门课程——也许是几年——在此期间可以培养他们更深入的技能与理解。每一个孩子都会在父母的帮助下选择两门课程作为学习的开始，但是在征求了家长和教师的同意后，也可以从一门课换到另外一门。随着学生的进步，他们会开始学习一些反映成年人在世界中所做事情的知识，例如学习有关艺术、商业或技术方面的内容。但是他们不能频繁地改变课程，否则他们在任何领域都不会掌握深度技能和知识。

这种课程强调学生在执行复杂任务的境脉中学习重要的内容和技能，例如制作一个关于恐龙进化的视频。我们为学生在这类课程中学习开发了一个四阶段模型，反映学习应该如何组织：

1. 学生们最初以新手身份加入，进行自己的小项目时，会有一个更有经验的学生来指导他们；
2. 当他们获得经验后，便开始和其他同学一起参与更大的项目，更先进的学生开始担任项目或子项目的负责人；
3. 当他们从事过很多不同项目后，就够格去担任新加入学生的辅导者；

4. 当他们成功地指导一些新学生后，他们便可以开始在更大的项目中担任项目或子项目的负责人。

当学生们成长为青少年时，我们应该信任他们，让他们选择不同道路。他们也许会上学、工作、在家学习去参加证书考试，或是参加青年电台、数字化青年网络或创客公司之类的组织。如果他们想上大学，他们也许会努力尽快获得所有上大学需要的证书。因此，一些人也许 15 或 16 岁时就能上大学。另一些人也许会工作一段时间然后回到学校开始准备上大学。理想状态下，州政府会为学生支付教育经费来帮助他们准备证书的获得（也许 20 张或 30 张）。这样无论人们多大年纪，都能在他们准备妥当的时候开始修读课程。制定一些政策，鼓励混龄人口根据自己的选择修读课程，很有可能缓和目前激励学生上高中所存在的一些问题。

116

戴维·谢弗（David Shaffer）（2004，2006）提供了一个备选设计，围绕专业实践组织学校教育。Shaffer 认为现在的学校课程是围绕着一些陈旧的思想形式组织起来的，这让学生难以将他们所学的东西与他们今后将做的事情联系到一起。一些行业，如新闻、城市规划以及工程等，将知识、信念、价值和策略组织到 Shaffer 所称的认知框架（epistemic frames）中。这些框架经过多次打磨，可以提供良好的模型将知与行结合起来。基于游戏的学习技术可以在将学生引入认知框架的过程中发挥重要作用。

以城市规划课程为例，谢弗开发了一种交互工具，来帮助学生表征并操纵建筑物、公园、环境卫生和停车场。这个工具源于城市规划师的真实实践，并被嵌入到一门课程之中，这门课程的设计是为了帮助学生做出预测、实验解决方案，以及面对他们的决定造成的政治压力。该工具和课程一起提供了对城市规划的政治、经济和建筑维度的很好介绍。利用既有的行业作为课程设计的基础,让谢弗能够探究学生如何去学习与真实情境相联系的数学、历史、科学以及政治。

将学习技术纳入学校的其他方式可以聚焦于学校通常很难教授的主题,如科学调查或历史和生态系统。例如,公民科学吸引学习者进入真实的科学实践,学习者充当数据收集者或识别数据中的模式。专业科学家然后解读这些数据,制作模型去描述例如人口迁移或星座。视频游戏也能提供给学习者一些学校很难创造的经历。《文明》(*Civilization*)这样的游戏建立在历史进步与冲突的模型上,让玩家可以了解到孕育了宗教、军队、经济或文化优势的文化如何影响了世界发展的进程。在玩过这些游戏后,学生应该以小组为单位反思这些事件所揭示的历史意义。他们尤其应该尝试将游戏中所发生的事情与他们在书中读过或在视频中所看到的有关内容(例如二战之类的历史事件)联系在一起。学校中大多数以课本为纲、以事实为据的历史学习方法很少关注历史展现出来的过程。《文明》和《模拟城市》这些系统建模游戏能帮助学生获得新的经历,去激发他们学习关键知识和技能。

在基于标准的学科内容领域之外,游戏也能帮助学生发展人际交往能力以及领导技能。大型多人在线游戏(MMOGs),如《魔兽世界》,能使玩家解决涉及策略、运筹和资源配置的复杂问题。在 MMOGs 中,玩家与社会群体交互,招募并设法留住新队员,协调大规模的活动,做出关乎政治价值的决定。这种游戏让玩家有机会发展策略和领导技能,使得约翰·西利·布朗和道格·托马斯(Doug Thomas)(2006)提出,电子游戏完全可以成为训练下一代商业领袖的环境。

技术如何影响学校教育的最后一点涉及课程管理系统。许多学院和大学使用 Canvas 和 Moodle 等公司的系统,能在线进入其讨论版、协作项目开发空间、在线课本以及阅读等功能。尽管这些系统通常只是组织了由教师和出版商开发的内容,但是其所提供的交流工具却能够为活跃的讨论开辟空间。例如,学生可以使用讨论版探讨一些较难的阅读材料,或让学生组成小组设计课程项目。更重要的是,平时很难参与课堂讨论的学生能使用在线讨论结识他们的同学并与他们进行交互。课程管理系统将校外使用的通讯技术整合进典型的课程内容中。尽管 K‐12 学校在使用课程管理工具上有些缓慢,但习惯使用短信和 SnapChat 的 K‐12 学生立刻就能明白课程管理系统如何为交互开辟了新的机会。将课程管理系统用于基础性的 K‐12 课程,有助于将通讯技术整合进入目前学校课程的核心之中。

数字世界中通向公平的新途径

118

当革新的钟摆正摆向那些瞄准富有家庭的技术产品时,学校必须迎接挑战,去驾驭新媒体工具的力量。基于技术的学习场所,让那些有经济能力的家庭可以在公立学校系统之外为孩子教育提供补充,或选择退出公立系统,来支持他们孩子的教育。结果,看起来新媒体学习技术极大地增加了机会的不平等。如何使用学习技术去解决公立学校的整体不公平呢?

我们感觉到,除了本章所描述的那些课程理念以外,新媒体向各种新的教育经验和亲和群体开放了机会。一些作家,如乔纳森·科佐尔(Jonathan Kozol)(2005),描述了这样一幅萧瑟的画面:许多城市学生尽管生活在繁荣的城市,却很少离开他们生活的街区,课堂活动的学习经费不充裕将他们困在原地。虚拟社区非常适合满足那些不能旅行的学习者的需要。例如,YouTube 社区邀请用户详细考察各种来自任何渠道的视频。学习者可以用多种方式虚拟连接这些不同的社区。基于场地的视频游戏,如 ARIS （fieldday.aris.org），可以将学习者置于某个位置，去虚拟体验遥远的空间。同人小说网站鼓励学生描述遥远地方的事情，然后从世界各地的作者那里得到关于这些学生写作各个方面的反馈。詹姆斯·保罗·吉（2013）提出了亲和空间概念，邀请虚拟环境中的参与者，去学习全世界的人们如何对新问题和主题展开思考、行动、说话和争论。学习技术也许不能解决那些不能离开家去旅行的学生背后的经济局限，但它们能把高质量的体验和通往广泛社区的机会带给当地学校。

新媒体技术也能创造机会去体验高质量的学业项目。例如，大学理事会的 AP 课程被证明是为数不多成功"扩大规模"的教育革新之一。全国的高中生修读文学、社会与自然科学、数学以及其他科目的 AP 课程。为确保相同结果，这些科目由外部评估者使用一个共同的量表来划分等级。然而，很多学校由于教师不够投入以及学生缺乏兴趣，很难提供全科目 AP 课程。视频电话会议减少了巨额开销，因此通过远程教育来共享 AP 课程，成为许多贫困的城区学校和乡村学校一个很好的选择。像佛罗里达虚拟学校这样的机构很快成为了经纪人，为本地无法提供 AP 课程的学校提供该课程（参见 American Youth Policy Forum，2002）。

虚拟辅导是利用技术来增加学校学术资源的另一个例子。对于那些经济能力许可的家庭来说，家庭辅导是迅速提升学业成绩的最受人青睐的选择。在 21 世纪，美国教育政策领导者号召为所有学生提供家庭辅导，作为对学业的补充。尤其是虚拟辅导，可以为条件较差学校的学生提供一个连接外部世界的重要途径。计算机自适应的辅导能为代数和几何等高度结构化的领域提供指导。可汗学院当然也提供了一个领先的模式，来表明共同体辅导模式如何满足各种学习者的需求。可汗学院这样的项目不能提供一对一辅导的所有好处，但它们能让学生进入各种不同共同体，这些共同体能够回答学习者的问题,提供结构化的学习范例。目前关于知识工作外包的辩论的所有论据毫无疑问在这里都是适用的;通讯技术能够深化各大洲之间的联系,缩小世界,以满足个体哪怕最个人化的教和学的需求。

在第9章我们谈到了家长该如何培养孩子有效利用技术。接着在第10章我们回到如何使用技术解决公平问题。显而易见的是,技术已经恶化了教育中的公平问题,我们需要谨慎思考如何缓解这个问题。

第 9 章　这一切意味着什么？

　　人们刚刚开始感觉到当前教育改革的后果。技术驱动的学习场所如雨后春笋一般在各个地方涌现，技术创新在公立学校系统之外正产生始料不及的影响。我们在第 4 章对美国公立学校教育演进的简单回顾，表明了我们过去是如何将"学习"等同于正式学校教育的。正如新媒体技术正在瓦解这一常识性的定义一样，它们也在帮助编制一个组织教与学的更复杂的模型。

　　约翰·哈格尔（John Hagel）和约翰·西利·布朗（2005）认为，成功的企业需要从市场边缘的创新中学习。在飞速的市场变化中，他们评论道，"如果我们相应调整好我们的镜头，我们将会看到值得注意的东西：边缘会重塑并最终改变内核"（2005：11）。要想使这些边缘改革学校教育的核心，我们必须既是聪明的消费者，又是下一代学习技术的生产者。

　　如果我们想要引导教育的未来，那么即使是当前生活中并不接受技术的那些人也必须从内部理解新技术的可能性。正如丹·塔普斯科特（Dan Tapscott）（1988：1-2）所认为的，"关于处于社会核心的变革，儿童历史上第一次比他们的父辈更舒适、更聪明、更有文化……他们是社会转型的一股力量。"在本章，我们将针对如何弥合代际之间的巨大鸿沟，以及如何将新学习技术整合到已有实践，向父母和教师提出一些建议。

孩子们正从技术中学到什么?

技术支持的学习环境的出现要求父母和教师关注孩子们在校外和家庭中如何学习(以及学习了什么)。家长和教师不仅要进一步理解新技术,更应该开始为学生沉浸在这些技术中所发展出的一系列新技能而感到欣慰。

技术素养的鸿沟始于家庭。今天的孩子们每天花 9 个小时与新媒体互动(Common Sense Media,2005)。这比他们在学校里度过的时间、和朋友在一起的时间或睡觉的时间都多。企业家们每天都在想新办法,用信息和娱乐技术吸引年轻人。尽管许多家长企图限制孩子使用媒体的时间,但许多人坦率承认,他们并不真懂孩子们是怎样使用这些新技术的。

视频游戏最清晰地反映了技术代沟。许多家长(和学校领导)把视频游戏这个"问题"框定在成瘾和"腐蚀我们的青少年"上。他们担心孩子们玩的许多游戏都与暴力有关,并且孩子们在这些没有意义的游戏以及无聊的对话中浪费了大量的时间,而没有进行足够的体育锻炼,这种担心是不无道理的。但与此同时,很多玩游戏的孩子超越很多父母的经验,在虚拟世界中发展出复杂的问题解决技能和交流技能。弥合这个鸿沟的办法之一,是将和孩子一起阅读这个观念拓展为和孩子一起游戏。拿起游戏手柄,玩一局《炉石传说》(*Hearthstone*)或《我的世界》(*Minecraft*),让你的孩子教你如何玩耍,并提一些关于策略和游戏目的的关键问题。

家长可以努力的另一个方向是鼓励孩子加入到在线社区,分享他们的浓厚兴趣。不同的孩子可能对恐龙、诗歌、运动、绘画、天文、马匹、军事历史、技术或其他领域产生热情。无论他们的兴趣是什么,努力拓展这些兴趣能够让他们拥有对他们未来生活有重要价值的专业知识。这个过程还可以开发他们的研究技能，这些技能在他们整整一生的诸多努力中都是宝贵的。鼓励孩子在自己感兴趣的领域从消费者变为生产者。推动他们去制作有关自己兴趣的视频、模组、模型和艺术作品。因特网能让任何人找到共享的兴趣社区。理解你的孩子想要加入的社区，找到一些方法和你的孩子一起去了解如何与其他社区成员一起制作和共享作品。

例如，孩子们可能通过对"叙事片段"（*Episode*）这样的东西产生热情去进行编码，"叙事片段"是成千上万围绕心痛、爱情和名人等青少年问题的交互性故事组织起来的一个电话应用程序。从家长的角度看，这些故事看起来有太多重复，而且过于聚焦在女孩青少年小说方面的中心主题。然而，细看之下，"叙事片段"能让用户创作自己的交互性故事。这些故事经过了相对复杂的创作过程。用户必须创作 3 个故事，每个长达 400 行代码(!!)，才能在"叙事片段"门户上发布自己的帖子。为了创作一个故事，用户必须能操作图表、编辑声音、在系统内制作和编码、使用递归、掌握超文本标记语言（*HTML*）语句。换句话说，"叙事片段"基于青少年的兴趣，吸引他们参与一个完善的编码环境。"叙事片段"宣称有 830 万注册创作者，有超过 73 000 个用户创作的故事。尽管学习的初期阶段对成年人来说有点令人半信半疑，但随后由此获得的媒体技能能架起一座通向 21 世纪基本素养的坚实桥梁。

拥有相同兴趣的儿童共同体的优点是它们可以在不涉及学校、也很少涉及成人的情况下形成。如果真有成人辅导者加入群体，他们应该尽最大可能呆在后台充当背景，鼓励孩子们探索那些他们自己不会主动探索的新方向。由于这些在线共同体充分利用了儿童的兴趣，它们应该能自给自足，鼓励孩子们深入学习他们所关注的主题。如果你要问，你的孩子在"叙事片段"中学到的编码知识如何能帮他/她找到一份"真正的工作"，你可以想想国家科学基金会和纽约的公立学校等机构为了向年轻女性开辟科技方面的职业道路而付出了多大努力。社会看重获得 21 世纪技能的道路，因为这些技能正是各领域的精深专业知识所需要的。

父母和教师所表达的一个常见忧虑是，孩子们上网的时间越多，他们不读书的时间就越多。读写能力研究者一直以来都同意丰富的功能性词汇的早期发展在促进语言发展方面的重要性。尽管单独阅读也是一种稳定、渐进发展更多词汇的方式，然而与那些词汇量更大的人谈论你所阅读的内容能够急剧加速词汇量发展。教育语言学家詹姆斯·保罗·吉认为，视频游戏能为词汇发展提供引擎（Gee，2003）。然而，正如阅读一样，游戏本身提供缓慢的词汇获得。但是当玩家加入更大的游戏社区时，游戏就能为儿童提供更多机会，在有意义的境脉下积累新的词汇。

很难预测新技术如何影响更高级的读写技能，如查找信息、解释视觉表征。然而，那些有志于培养学生在 21 世纪经济中获得成功的政策制定者，会对学生在虚拟环境中巡游时获得的技能在工作场景中能发挥作用这一点深感欣慰。在《单挑：玩家一代如何永远塑造企业》（*Got Game: How the Gamer Generation Is Shaping Business Forever*）一书中，约翰·贝克（John C. Beck）和米切尔·韦德（Mitchell Wade）（2004）指出，玩家一代的新技能与新心向将会改变工作场所。玩家一代将会推动工作环境作出改变，将更多虚拟方面结合进市场分析、社会与经济建模等各个领域。例如，玩家在模拟游戏中拥有作出重要决定、协调资源以及试验复杂策略的丰富经验。贝克和韦德（2004）也注意到玩家已经习惯于在多重游戏环境中因为胜利而获得奖赏。这也许使玩家期待按表现计酬，使得玩家对于公司没那么忠诚，更愿意跳槽到更有挑战性的工作中。尽管贝克和韦德试图描绘一个未知的领域，然而明日的工作世界将部分地被今日的游戏技术所塑造，这一点已然非常清晰。

技术如何改变了孩子们的社会生活和学习?

同伴文化和流行文化通过技术交汇,这对学校和家长可能构成了最大的威胁(和机会)。正如我们在第 6 章讨论的,高中在 20 世纪中期的崛起为青少年间活跃的同伴文化的出现提供了条件。从 20 世纪 50 年代开始,广告商开始创造一种流行文化,主要为青少年观众或听众定制音乐、时尚、运动以及电影,以便从有可支配收入的青少年中赚取丰厚利润。青少年参与流行文化,为成年人组织的学校教育的社会经验提供了一种有吸引力的备选方案——在 20 世纪 60 年代之前,上百万的青少年上学主要是为了和朋友交流而不是为了接受教育。娱乐技术推动了流行文化的发展——唱片机、广播、电视、八轨汽车音响很明显是手机、电脑、平板电脑的前身。青春期少年(以及现在的前青春期少年)对于新技术的接受,强化了同伴文化。他们创造了新的行话——从嘻哈俚语到即时通讯软件惯用语,无所不包——这些行话只有圈内人才能了解,保证了排他性,从而使技术更受追捧。

美国流行文化已成为强有力的经济引擎,在世界范围内带来了成千上万的工作机会和成百万上千万美元。事实上,音乐、体育、时尚、电影以及视频游戏等形式的流行文化,现已成为美国主要出口的一部分。美国流行文化的兴旺展示了信息经济的基本特征是生产商品和服务,不是以前通过利用原材料这种主要方法,而是将人力资源作为有价值的商品进行包装和营销。从这个意义上说,流行文化产业预示了 20 世纪八九十年代计算机的迅速发展:这种大型产业的产生并非由于地底下挖出的资源,而是源于有吸引力的观点。

娱乐业巨头目前正受困于和互联网新贵在数字发行与版权上的战斗。但是这场关于谁将控制媒体的战斗与参与新娱乐形式的作用相比，已经处于次要地位。如果流行文化能带来世界范围内巨大的经济增长，那么熟悉流行文化又能带来什么好处呢？换句话说，那些看电视或者玩 Xbox 的夜晚能换来好工作么？

斯蒂文·约翰逊（Steven Johnson）（2005）认为，最近的媒体内容正在我们面前呈现一种全新的、认知要求很高的参与式媒体素养形式。《权利的游戏》（*Game of Thrones*）、《绝命毒师》（*Breaking Bad*）这样的电视剧牵涉到多重叙事线索，这些线索随着剧情展开，而真人秀打破了传统叙事方法，允许参与者决定故事的曲折。观众们建网站仅为追踪剧情发展，讨论情节起伏，写一些关于他们最喜欢人物的故事。视频游戏处于认知复杂曲线图的顶端，因为玩家必须使用广泛的策略，花费几十甚至几百个小时来完成游戏，解决复杂的问题。随着信息经济继续转向虚拟环境的产出，新媒体的细微差别体验会带来明智的生产和明智的消费。现有的新闻网络已经很认真地对待博客和众包新闻站点了，我们也将见证，参与式媒体是否会带来娱乐产业革命，或者娱乐产业是否能成功地将新媒体简化为当前的生产与控制形式。

我们将何去何从？

我们想告知技术怀疑者，也许他们在错误的地方寻找教育核心实践的变革。拉里·库巴（2001，2003）等研究者曾寻找，但却没有发现技术革新在课堂上的影响。相反，技术革新已通过数据库系统在行政办公室发生，通过游戏在学生中产生影响,仅剩教师落在后面,坚持着传统的课堂实践。

利用计算机改变课堂这种压力来自于学校内外。可以肯定的是,用新技术的一些不太重要的应用来对现有系统进行补充这种情况还会继续——仍然会有大量的数学家庭作业网站。但是新媒体技术改变学习这种力量将继续挑战我们的学校,迫使它们以新的方式进行运作。学校将从内部发生改变,成为更大的公立和私立教育服务网络的一部分。学校将变成各种新的技术丰富的系统。

不幸的是,这个新系统也许并不标志着技术狂热者的胜利。即使有可汗学院、慕课(MOOCs)和维基百科,教育者和政策制定者仍会继续强调把教授基本技能作为学校教育的基本使命。期待学校变革会自然发生的狂热者,应该好好研究学校教育已有的结构,以识别出当前系统里变革时机已经成熟的部分。

现在是技术梦想家开始行动的时间了。我们现在在第二次教育革命中所处的阶段与我们在19世纪最后几十年所处的阶段相同。当时,新兴系统的中心部分——幼儿园、高中、分级课程、课本——已经存在并开始合并到新系统中。在圣路易斯、纽约和波士顿,当地学区努力地推动,并与教育管理和心理学等新兴研究领域一起,将这些部分整合进"一个最好的体系"。现在我们面对着潜在系统同样纷繁复杂的新组成部分——计算机自适应学习工具、视频游戏、分布式网络和创客空间等。我们需要来自富有创新精神的教育家的强有力的领导,以确保新系统能体现我们社会的关键教育目标。

第 10 章　在技术世界中重思教育

　　一种新教育体系的愿景正初现端倪。为了实现这个愿景，政治和教育领导者需要调动资源，充分利用为改变所有学习者的教育而兴起的学习工具的伟大力量。

　　自从二战结束以来，美国享有与其国家人口不成比例的全球资源。这种富裕使得美国能够维持生活的高标准并处于世界领导者的位置。托马斯·弗里德曼（Thomas Friedman）（2006）的《世界是平的：21 世界简史》表明，对于信息技术的利用已经拉平了全球的竞争环境。这种拉平使得全球成百万上千万的工程师、技术人员以及专家可以在全世界范围内追求那些使许多美国人富裕的工作。世界上任何国家未来的繁荣皆取决于教育系统如何利用新技术来促进全体公民的学习。如果美国想领导全球经济竞争，就需要重新设计教育，接纳新媒体工具作为核心实践的潜力。

　　经济成功需要付出高昂代价。正如在美国发生的那样，关注知识经济并将其当做创造财富源泉的国家倾向于将经济资源集中于精英阶层。全世界富人和穷人之间的差距在扩大，精英人士想通过主导数学、科学与技术方面的准备去维持自己的特权，在这一点上他们比以往动机更强。全球都在对顶层越来越少的机会展开竞争，这也许会点燃杜波依斯（W. E. B. DuBois）所说的"顶尖 10％"教育策略，这种策略意味着集中资源，将最聪明的学生推向有全球竞争力的职业。加里·奥菲尔德(Gary Orfield)和李春梅(音)(Chungmei Lee)(2007)认为,学校和社区的再度隔离、教育券政策和特许学校已经让我们的教育政策远离了对于公平的承诺。

技术发展将如何帮助我们在公平目标和全球竞争之间找到平衡,这一点还不清楚。我们通过这本书引发的对教育的重新思考旨在发现一些策略,能为社会中的每一个人提供新的教育资源,激发人们利用这些资源的动机。这就要求不能孤立地反思教育,而是考虑社会、教育和学习之间的相互作用。

重新思考学习

成年人成长过程中一直认为学习意味着在学校上课。正如我们在本书中一直强调的,由于新技术将学习搬到学校的围墙之外,将教育与学校教育等同的观点正在慢慢瓦解。从某种意义上说,学校教育与学习的分离也许会将我们带回到这样一个时代:个体学习者常常在生活中的成年人和其他专业人士的有效指引下,协商自己的学习经历。

最终,当人们以及政治家们开始为孩子们学习的东西或是成年人不知道的东西感到担忧时,他们的自动反应未必是"我们如何来改善学校?"相反,他们也许会问,"我们该怎样帮助学习者创造自己的学习道路?""我们如何让更多的人使用到新的技术资源?"或是"什么样的工具能支持人们自己寻找信息?"当前,学校教育与学习之间的密切联系迫使我们的对话进入到制度回应层面。我们还不清楚,当我们思考改善教育时应该如何询问这些更宽泛的问题。我们希望这本书能够开始这场对话。

随着学习开始发生在校外,我们的学习概念将开始拓宽,我们会看到更多混合经验,这些经验始于课堂,然后来来回回拓展到其他学习共同体。教育会遵循在家教育的道路,让每一个学生设计一个不同寻常的日程,包括田野旅行、写维基百科词条、设计电脑游戏,甚至是制作和发布 YouTube 视频来教别人。例如,几个学生和一个教计算机编程的教师商量把他们自己的电脑带到学校,并将他们连接到同一网络以便一起玩多人视频游戏。他们可以成立一个计算机俱乐部,这样他们可以开始开发自己的电脑游戏。当新的学生加入到俱乐部后,最初的一群学生便会把自己已经学会的东西教给这些新人。这些学生中有一些可能在英语课上被要求制作视频解释一个复杂的过程,这样他们就开始在一个定制的 YouTube 频道上发布视频,解释在视频游戏中最困难的方面。这些学生接下来会在中学图书馆设计和运行一个相似的网络,然后开始辅导更小的学生去进行游戏玩耍和网络维护。尽管整个学习都可能发生在学校场景中,但它不是一个"真正的"学校学习。全国的技术指导者都在尝试类似的模式,依靠学生去学会硬件、软件、游戏和制作。

我们在本书中呈现的教育愿景是围绕着终身学习思想建立的。终身学习需要远离高度结构化的学校教育机构,代之于在各种不同的学习经历中充当参与者。学习者需要发展技能,去判断学习场地及各种提供指导和建议的社交网络的质量。

布里吉德·巴伦(Brigid Barron)(2006)提供了一些例子,来说明学生如何通过提高计算机技能成为聪明的学习环境消费者。例如,加利福尼亚州一位叫做 Stephanie 的华裔中学女生,有一群使用雅虎地理城市(GeoCities)建立自己网页的朋友。他们教斯蒂芬妮(Stephanie)使用超文本标记语言(HTML),这对她有极大的吸引力,因为她喜欢画画。接着,在她七年级时,她修读了编程、网页设计、工业技术方面的课程,在课程中她使用电脑进行设计。八年级时，她决定为家里设计一个网页，刚好她爸爸的新生意需要网页，她就帮他设计了一个。她甚至教她的妈妈各种使用电脑的方法。当她利用计算机在艺术方面更进一步后，开始在网络数字艺术社区Xanga 中潜水，努力学习一些用于创作计算机艺术的技巧。她会研究作品以及艺术家们用来完成作品的源代码。她是数字时代一位典型的自主学习者。

社交网络指明了技术如何复制学校的支持与引导功能。这些网络将年龄和背景各异的人们聚集到一起——其中一些人已具有相当程度的专长，另一些则完全是新手。一些人通过潜水学习，另一些人则通过提问学习。网络中的各个群体也许会共同调查一些感兴趣的主题，或争论他们认为重要的问题。然而，这些成功的网站都有着提供有用信息以引导用户兴趣的特点。例如，每种已知的疾病和紊乱都有相应的网络亲和团体，全国的医生都知道他们的诊断正受到日益见多识广的病人群体的评判。这类社交网络围绕着那些不同群体人们特别感兴趣的各种主题而蓬勃发展，如诗歌、化学、数字图像、梦幻体育。

如果我们对于学习的思考没有改变那又会如何呢？如果学校变革无法快速跟上学习技术的进步，学习会将学校教育抛在后面。我们看见这一切已在美国之外的地方发生。例如，泰国和巴西的年轻人使用便宜的电脑就能与发达国家的年轻人同时接触到相同的学习资源。许多人会选择利用这些资源去摆脱贫困。在一些方面，他们将会成为一种新型的 21 世纪移民——并非移民到一个新的国家，而是运用信息网络来转变自己的思想。他们会找到一些志趣相投的朋友，在网络空间分享观点。英语将很可能成为他们的共同语言，而他们可以从网络中学会英语。

由于老辈人仍然持续地将既有学习方法以高质量教育的名义强加于学

校,新技术将会继续吸引学习者进入令人兴奋的基于兴趣的环境。学校会继续服务于那些认识到传统学习道路所提供证书好处的学习者和家庭,但面向学习的最具变革性的能量会出现在学校以外的技术环境中。

重新思考动机

目前的学校系统并不能帮助学生发展学习的内在动机。不甚理想的课堂经历使学生脱离学习的愿望更加强烈。最近的一份报告发现,50%的高中生每天在课堂中感到厌烦(Yazzie-Mintz,2006);另一项调查发现,82%的加利福尼亚州 9、10 年级学生认为他们的学校经历"无聊且毫不相干"(Hart,2006)。改变这些根深蒂固的针对学习的态度,意味着既要改变教与学的过程,又要改变成功完成学校教育后的奖励制度。

幸运的是,学习技术提供了一些如何增强学生学习动机并使得学习内容更有活力的方向。为了培养一代追求学习的人,学习者需要对自己的学习有更多的控制。学习者控制可以通过给孩子们工具支持他们的学习来实现,如网络访问、教会学步孩童阅读的机器、需要时提供的辅助、能培养深度知识和创业技能的电脑游戏。

通过鼓励学生深入探究他们特别感兴趣的主题,可以培养学生对于学习的热爱,就像进行在家教育的父母所做的那样。库尔特·斯夸尔(Kurt Squire)(2004,2006)发现,那些玩《文明》这样的实时策略游戏的小孩,开始借阅关于古代文明的书籍,并能在中学取得更好的成绩。视频游戏不会像很多教师和学校领导者害怕的那样,将学生的注意力从学校中转移。相反,它们能够提供一种让传统学校内容更具吸引力的方式,并能鼓励学生再给课堂教学一次机会。通过理解新技术如何鼓励孩子们为自己的学习担负责任,社会也许能帮助培养一代寻找各种方式去学习的人。

正如我们讨论过的,让学生更多地控制自己的学习,与学校中实行的机构控制的学习背道而驰。培养自主学习需要挑战当前强制学校在相同时间教每个人相同内容的政策假设。即使是先于普及性学校教育而存在的单室学校,也与当前这种将教学标准化的冲动相抵触。将计算机整合到学校教育的核心而非边缘,有助于学习者在充分支持下学习个性化的、互动的课程。这类系统通过选择反映学习者最近学习记录的任务,来控制挑战的难度。当学生需要的帮助超出计算机提供帮助的能力时,教师可以伸出援手。在你不能理解别人所掌握的某种知识时,这种个性化学习会让你免受看起来表现糟糕的耻辱。

134　　　技术还通过设计和生产指向另一种培养学生热爱学习的方式。精明的电脑游戏开发者早就觉察到,如果产品包含能重新设计游戏环境的工具,便会极大地提高游戏的重玩价值以及用户对他们游戏的忠诚度。让学生去完成有意义的任务,能够帮助学生理解他们为什么要做正在做的事情。学校让学习有困难的学生花费几百个小时,在"叙事片段"(*Episode*)应用程序中去创作互动性的故事,或是在 YouTube 上编辑游戏视频。当复杂的苦差事突然变得情境化并获得了新的重要意义时,学生们非常愿意花费时间"把它弄好"。新技术是如何让孩子和成人为了重新设计我们的学习环境,为所有学习者提供积极的动机感受,而对学习产生兴趣的,这一点需要为社会大众所理解。

重新思考什么是应该学习的重要内容

当然,提供学习的内在动机也需要我们重新思考成功完成课程学习的奖励。学校提供的课程与知识经济中获得成功所需的技能并不匹配（Collins，2017）。现代学校的核心课程仍然根植于中世纪的三艺，包括逻辑、语法和修辞，以及四学科，包括算术、几何、音乐和天文。这些组成了文科的基础，并占据了当代学校和大学学习课程的主要部分。几个世纪以来，我们增加了一些课程，如历史、地理和科学，但是基本的课程组织仍反映了其历史积淀。

社会需要全力应对的一个问题是，这是否是培养生活在技术资源丰富时代的学生的最佳课程。传统课程支持者认为，现在比以往更需要经典的思维与写作训练；进步教育者认为，新时代需要新的文化素养技能和数学推理技能。然而，在学校中，两大阵营之间的相互妥协往往是大体上用经典学科来组织内容，却剔除掉经典内容的严密和情境。因此，几何学以一种没有历史感的方式呈现，科学被当做一套事实而不是组织观察和实验的方法来学习。由于我们仅将教育看做是学校中发生的事情，对于什么是学习的重要内容，这种妥协课程提供的是狭隘并且相当贫乏的观点。

新技术资源明确影响什么是重要学习内容的有两个领域：交际与数学。在 21 世纪的交际行为中，学习读写这样的核心文化素养实践，与更实用的生产和展示实践之间，界限正变得模糊。创造多媒体文档，在社交媒体站点中展示自己，将视频组合到一起并进行评论，在网络上寻找信息和资源，理解图像和图形，这些都成了交流的重要方面。

新技术提供有趣的方式，在基础素养和实用素养之间进行过渡。例如，参与《魔兽争霸》这种大型多人在线游戏的玩家，发展出一整套实用技能，如谈判、结盟、制定策略、智取对手、计算何种方法最可能有效、与不同种类的人交流。这些实用素养技能在大型多人在线游戏的玩耍中能自然出现，但在传统学校环境中却很难培养。然而，由于我们认为素养技能发展是与传统学校内容直接相关的，所以大多数人认为玩家玩这些多人游戏是在浪费时间。

提到数学，技术能执行学生在学校花费大量时间学习的代数计算。同时，学习数学思维方式在当今显得更为重要。因此，学生的时间最好用来学习如何使用数学工具解决真实世界的问题，而不是学习如何模仿计算机运算法则。事实上，理解如何适当地使用电脑工具比执行运算需要更多思考。这应该成为数学教学中的新议程。

《梦幻体育》（Fantasy Sports）呈现了一条教授实用数学技能的路线。计算上垒率以及统计奔跑得分也许并不包括复杂的运算过程，但是即便是最随意的梦幻棒球玩家也必须参与预测性模型，来使得球员和球队的胜率最大。让梦幻玩家清晰说明他们的预测模型，是一种很好的培养估算和数感能力的练习，而这两种技能都是被全国数学教师协会这样的组织所大力提倡的。

技术对学习的深刻影响之一与网络上知识的易得性相关。过去，人们不得不记住大量信息，来做出严谨的决定，正如医生必须做出准确的诊断一样。但是随着知识能够轻松地获取，人们更加依赖外部数据去帮助他们。我们可以用医生使用的技术来说明这一现象。帮助医生进行诊断的在线系统已经开发出来。医生可以将症状输入系统，系统就能建议可能的诊断供医生思考。在这种方式下，医生不需要记住每一种症状与诊断之间可能的对应关系。但医生仍然需要应用他们从经验以及与病人互动中获得的个人知识来作出决定。这些系统起到了记忆辅助的作用。

同样，网络除了提供关于普天之下每一个主题的最新信息以外，还能提供强有力的记忆辅助。因此基本技能不再是记忆，而是知道如何在网络上找到你需要的信息，包括如何评价你所找到的东西，因为不同网站的可信度不同。这就是说，人们需要发展新的学习技能而不是仅仅掌握更多信息。

重新思考职业

尽管传统上教育一直致力于启发学习者的政治责任感，但是美国的教育讨论最近大幅转向为经济成功所作的职业准备。随着日常例行的工作要么被技术取代，要么转移到海外，剩下的工作便非常强调协作、沟通以及知识处理技能。从经济角度看，教育的当务之急是让学生学会在数字化时代如何批判性地思考，如何找到完成困难任务所需要的知识和资源。如果对学生提出挑战，让他们去解决诸如肥胖病这样的真实世界问题，创造有意义的策略去解决问题，才能更好地培养他们。那样，他们也许会受到激励，去学习如何思考。

职业流动也挑战着教育机构，去教育学生让他们变得更具适应性。传统的美国故事通常是，我们到学校念书，为从事某种职业作准备，无论是汽车修理工还是医生。我们应该在高中或大学决定一种职业，并修读一些课程，以便在此职业方面获得成功。然而，在20世纪80年代和90年代，公司对于终身雇佣的责任感逐渐削弱，因此整个经济领域中职业流动大大加强。50%到60%的新入职员工会在一年内离开，10%的劳动力每年都会换工作（Feller & Walz，1996；Henkoff，1996）。随着人类寿命的延长，我们中的许多人都能工作到七八十岁。接下来的20年中，大多数美国人很可能有一连串职业。

举一个例子，本书第一作者在大学获得会计学方面的学位后，开始了其在华尔街担任审计员的职业生涯。当了几年审计员以后，他回到研究生院学习计算机和通讯科学，10年后他又获得了认知心理学方面的博士学位。

在那之后,他在一家为联邦政府进行研究的公司工作,该公司的研究领域涉及各个方面,大多与计算机在社会中的应用相关。在其研究工作中,他慢慢从心理学研究转向为教育开发计算机系统。在进行了大概 20 年的研究后,他在西北大学教育学系获得了教职,尽管他在职业生涯中从未修读过教育方面的课程。在接下来的 18 年中,他在西北大学开设了一系列教育课程。本书第二作者开始时是哲学专业的研究生,后来在芝加哥一所小学校教历史。在教了几年书以后,他成为了学校的管理者。接着,他决定重返研究生院研究教育。在研究生院学习了五年以后,他成了一所大型教育研究生院的教授。

这些故事尽管都聚焦于学术方面的职业,但很常见。这种职业生涯的曲折与转变正变得越来越寻常。人类在知识社会的命运看起来就是必须不断重塑自己,才能跟上他们所处的这个不断变化的世界的脚步。

最终,人们会开始将生活看作是由一系列职业组成的。为了适应这种想法,他们将会开始明白"学会如何学习"是多么重要。他们也许开始明白他们早期所追求的职业并非终生要做的事情。阿夫纳·阿维图夫(Avner Avituv)和罗伯特·莱尔曼(Robert Lerman)(2004:1)曾经指出,"每个月,数百万员工离开他们的雇主,在另一位雇主那里就职。年轻的员工要过很久才能有稳定的职业,才能与雇主建立长久的联系。没有大学文凭的高中毕业生在 30 岁时已平均为八名雇主工作过。几乎一半的男性高中毕业生在 25 到 29 岁之间遭受过一次失业。并且,工作的不稳定性在年轻男性中一直在增加。"

大学毕业生和高中毕业生的收入差距在持续扩大。这导致 90% 的高中毕业生计划进入大学深造。但是高中平均成绩为 C 的学生中,仅有 14% 能够获得大学学位(Rosenbaum,1989,2001)。他们如果在高中毕业后先去工作几年，再返回学校继续深造，处境会更好。二战后回国老兵在大学的成功证明等待一段时间再上大学是有好处的。诺曼·弗里德里克森（1950）的研究发现，与非退伍军人相比，老兵们取得了更高的成就。如果人们理解到他们未来的生活会在工作和学习中转换，高中毕业后马上上大学的压力就会减轻一些。以后将不会是先学习准备15或20年，再开始工作30年，而是先学习一段时间，再工作一段时间，变换工作，看看新的可能性，再去工作，这样不断重复。

当然，将来一些人也许一辈子都是演员或者汽车修理工，但他们会是少数例外。将单一职业作为标准模式，会让人们认为他们从学校毕业后就再也不用学习了。所以他们的思想不能保持开放，不能集中于继续他们的学习。当他们必须转换职业时会感到无所适从。家长也需要理解人类职业的性质是如何变化的，不要试图把自己认为最好的某项职业强加给年轻人。作为社会，我们需要制定政策，来支持人们在这个持续变化的环境中不得不做出的多次职业转换。

重新思考学习与工作之间的转变

美国没有完善的学徒制系统。没上大学的高中毕业生和大学低年级辍学的学生没有作好准备就加入了劳动大军。由于仅有30%的美国学生拥有大学学历，绝大多数学生要进行更困难的转变。他们通常在25岁或30岁之前不停地调换工作。一些人会在年长一些后回到大学，但这对他们来说更加困难，因为社会不支持年纪大的人重返校园。由于工作中技术越来越占据中心地位，并且人们在一生中变换几个工作的可能性越来越大，我们有必要重新思考社会应提供何种方式来帮助人们进行学习与工作之间的转变。

大学毕业生通常能很好地处理学习到工作的转变。大学中有专门的办公室来帮学生找工作，既包括在校期间的实习，也包括毕业以后的工作。这个部门有很多相关领域的雇主的档案，还有很多能为学生提供择业指导的各个行业校友的资料。雇主们来到大学，招聘对他们业务感兴趣的毕业生。通常，大学生会在暑期或是最后一个学期实习，来建立与他们毕业后的未来雇主之间的联系。大学教授通常为他们的学生写推荐信，甚至为他们介绍一些他们认识的潜在雇主。高中的职业中心和教师有时也会发挥类似的作用，但大都是零星的，并主要集中在富裕社区。因此存在着这样一个有效的系统，但是仅限于大学毕业生。

在一个多职业的时代，无论人们是结束学习走向工作，还是离开工作岗位重新投入学习，都需要一些帮助来做出选择。如果美国仍想成为一个成功的社会，就需要创造新方式来帮助公民完成这些具有挑战性的转变。

我们认为美国在应对技术与职业教育方面必须有所转变。例如，学校应该重新考虑如何为那些打算进入工作市场的青少年提供帮助，无论他们有没有上高中。青少年应该有个性化的学习咨询师，针对可得的教育选择来为他们提供建议。由于学习对于在这个世界的成功越来越关键，人们需要某个了解自己历史和生活细节的人给予个性化支持。技术极大拓展了咨询师为学习者所提供建议的范围。咨询师可以为学习者提供在线资源，这些资源能指导新手度过最初的职业选择和发展的阶段。

140　青少年除非已经掌握了中学教授的基本技能和知识，否则他们不应该去工作。高中指导项目应该转向测量青少年是否达到了工作的标准，帮助他们找到与自己目标和能力相匹配的工作。这个部门就像大学就业办公室那样，拥有各种可能工作的档案，帮助学生准备简历，评价他们的兴趣和能力,帮助收集教师推荐信,与雇主进行最初的接触。总之,这个部门会执行许多大学就业办公室那样的功能,但提供的指导更多,因为学生年纪更小。适当的联邦基金资助也会在帮助学生成功地完成学习到工作的转变方面发挥重要作用。

该办公室可能会实施一些学徒制项目,就像欧洲比较常见的那种学徒制一样(Hamilton,1990;Olson,1997)。在这类项目中,青少年学生一般每周三天工作两天上学。这种项目试图将学生在学校所学的东西和他们为工作而接受的训练协调起来。一个健全的学徒系统也能为那些已经工作但想回来进行全日制或是业余学习的学生提供支持。该部门可以针对他们的选择提供建议,譬如念高中还是修读社区大学课程、在线课程,或是当地学习中心开设的课程。

这类办公室也能为成年人提供服务,帮助他们选择从事新职业还是重返学校接受更多教育。这类咨询办公室可以在每所高中建立,由州政府来维持,也可以由私人经营。它们的咨询师能够针对人们在追求某一职业时需要的培训与证书提供建议,并告知他们,若进行培训,哪些教育资源是可得的。另有一些咨询师来评价成年人的技能和兴趣,向他们建议可以从事的各类职业。还有一些咨询师了解当地雇主并与他们有联系,这样就可以根据人们所受的训练和兴趣找到适当的工作。这些都是我们需要为人们提供的资源,以使我们的社会发挥出最大的生产力。

学徒制体系应该得到传统公立学校那样的支持力度。从学校到工作的项目,比如《从毕业到就业机会法案》(School-to-Work Opportunities Act),为将这些服务制度化提供了一个良好开端。建立更好的过渡服务,意味着那些最没有社会资本的学生,那些本来最需要帮助来接触各类经济资源的学生,将在建立社会联系方面得到帮助。现在有太多让大多数人困惑的选

141

择,因此他们需要咨询来做出明智决定。如果其他人能了解自己的能力,并找到合适的工作,我们都能从中受益。

重新思考教育领导

可以这样说,我们正在经历一个教育的过渡,这要求一种全新的教育领导——一个新的贺拉斯·曼。我们需要一种教育愿景,即让所有人能够获得各种新的教育资源。当前的趋势是这些资源对于富人来说唾手可得,却将大多数人抛在后边。下一代教育领导者需要面对政治与技术的双重挑战。改变一个根深蒂固的机构所面对的挑战与当年贺拉斯·曼当年所面对的挑战截然不同。家长、教师、政策制定者以及当地社区都会拿出一套令人信服的理由来维持当前的系统。人权强调利用学校来改进社会平等,技术强调将学校教育的核心实践向信息技术开放,这些变革力量以一种让有影响的保守势力难受的方式推动他们前进。能够真正引发变革的领导需要知道推动系统的杠杆支点在哪里,必须有组织能力将创造变革需要的资源和技能整合到一起。

其中一种可能是推进政策,将计算和上网机会置于所有学生和家长手中。这种政策能让非精英人士接触到大量的教育资源。在那些最有需要的学校仅仅开设最不冒险的学习项目,会减少这些学校接触新媒体工具的机会。仅仅将技术引入高度贫困的教室和学校,而不考虑学习环境应该如何作出改变,很可能会带来失败。领导者需要理解新技术的力量以及仅仅为提高考试分数而设计的教学项目的局限性,才能为他们的社区设立雄心勃勃的期望。他们需要思考如何使学校乃至世界中已有的一系列不连贯的工具变得连贯。

未来,教育领导将不仅仅只要求变革学校。我们需要思考如何将非学校资源整合到学习环境中,既支持家庭把这些工具带回家中,也支持他们在社区中建立有线连接的学习中心,提供给有需要的人们。平板电脑呈现了一个机会,去为所有学习者提供适合他们年龄的虚拟学习资源。新一代应用程序支持富有活力语言丰富的资源,这样年幼的孩子能用它们学习阅读。应用程序能让学习者点击屏幕上的单词或句子,并让系统大声朗读出来,从而听到苏斯博士(Dr. Seuss)所讲的故事。当这些孩子了解到图像与声音的对应时,他们就可以选择读出自己最喜欢的故事。平板电脑能引导孩子们阅读体裁和主题广泛的最好的儿童文学作品,玩一些把基本数学运算教给孩子的游戏。每一个小孩子都应该有这样一台机器,这能为他们提供多种多样的教育资源。

小学应该利用计算机自适应学习工具提供补充性学习服务,来帮助学习困难的学生。这些项目能成为广泛使用、满足学生需求的"干预回应"(Response to Intervention)模型的强有力补充。如果一个孩子写作或数学有困难,计算机自适应学习工具能提供定制的诊断,将他/她的学习需求与适当资源联系起来。同样这些技术能让学生不仅在学校而且在家里和家人一起学习课程。

八年级以后,孩子们就会根据自己以及家长的选择,走上不同的教育道路。例如,除了继续上传统高中以外,还会有其他替代选择,学生也许会选择在家里或是去学习中心修读在线课程,参加某项学徒项目,在社区大学修读课程,或到课程围绕特定兴趣(比如医学或技术)组织的职业学院就读。许多城市,比如加州的奥克兰,在不同地区设置了职业学院。孩子们也许甚至会工作一段时间,再在他们准备充分的时候回到学校接受更多教育。给学生们这些选择,他们就不大会认为高中是一个人在长大自立之前必须在其中忍受煎熬的监狱。

正如前面所提及的，所有学校都应该配备一位学习咨询师，为每一位学生制定一条个性化的道路。任何 14 岁或以上年龄的人都应该定期获得免费的咨询服务。学习咨询师应该像医生那样，由州来进行培训和颁发执照。目标是在考虑到每个人的兴趣、需要以及能力后制定一个学习计划。随着时间流逝，这个人调换工作，或获得更多知识，承担更多责任后，学习计划会得到修正。如前所述，学习计划也许包括修读在线课程、去学习中心接受专门训练、获得某一领域的技术认证、参加某项学徒项目，或者跟随计算机导师学习，以提高某项技能。无论是哪种情况，学习者应该和他/她的咨询师定期见面，去评估计划的进展，并考虑如何修订计划。

这些例子都说明，教育领导需要思考如何从内部对学校进行变革，如何让学生和校外资源联系起来。更宽泛地思考技术，能复兴我们有关公平的理想，将可得的资源拓展到社会中的非精英阶层。我们的提议仅仅指出了领导者需要思考的问题。由于社会将教育等同于学校教育，我们正从整体上忽视了许多现在本可用来帮助少数族裔与非精英群体的资源。

另外，社会将教育改革看做是适用于年轻人而非所有年龄段人们的事情。从更宽泛的角度来看教育，我们可以开始思考如何为 50 多岁、60 多岁甚至 70 多岁及以上的人群提供教育资源。

我们并不打算通过修补学校来修补教育。学校在过去表现得很好，但是它们是一种 19 世纪的发明，却试图应对 21 世纪的社会。现在需要另一位贺拉斯·曼挺身而出，带领国家迈向一个新的教育系统。我们的新领导者将不得不去理解那些近年刚刚可得的新技术的用途，关注实施的机会。他们需要明白，学习并非始于幼儿园而结束于高中或大学文凭——我们需要设计一个协调连贯的终生学习体系。

重新思考政府在教育中的作用

历史上，美国由州、城市和城镇负责教育，联邦政府只扮演一个补充角色。联邦政府推行过一些项目，例如开发科学和数学课程以使国家更具竞争力，或是通过提供资源来帮助贫困儿童，以确保儿童之间更加公平。但是教师薪资、课程材料和行政管理经费都由地方财政支付。当联邦政府近些年为州、城市和城镇强制实施了一些教育标准后，许多人将其视作对各州权力的侵犯。随着钟摆摆回到地区控制，各州试图维护自己的权威，这导致了对《共同核心州立标准》和关于学校绩效的联邦指导原则等中央集权倡议的强烈反对。

正如我们所指出的，新技术导致了教育系统的不平等。富裕的家长可以为孩子购买个人辅导、计算机、网络联网，而穷孩子则比以往更远地被抛在后面。各州目前没有划拨资源来矫正这些不平衡。他们的教育经费大多来源于财产税，而越来越少的家庭愿意充分提高财产税来为所有孩子支付教育经费。

联邦政府可以试图为所有公民提供平等的教育机会，而不践踏各州的教育权力。它可以提供激励，去鼓励开发和使用计算机自适应教学和学习工具，为所有家庭购买电脑提供补贴。它可以为那些无力购买这些服务的人提供教育指导和个别辅导。它可以为学徒项目提供资助，帮助孩子们过渡到不确定的职业世界。它可以为想更换职业的人所需的额外培训支付费用。这些都是支持各州权威，鼓励教育服务新方向的补充性服务。

州政府还能在为技术丰富的世界带来全新的教育视角方面起重要作用。如果我们的社会打算支持追求教育的新备选方案，各州就需要重思学生在 16 岁之前必须待在综合性学校的法令。如果我们想让青少年除了呆在高中外还能有其他的选择，那么各州需要具体规定哪些其他选择可以替代学校，学生在追求其他选择之前要达到哪些标准。

例如，州政府可以规定，学生在开始全职工作或选择其他方案代替高中时，必须获得一套具体的证书，比如能证明学生在做某项全职工作或做出能够替代高中的其他选择时，他们已具备八年级的阅读能力和数学水平。各州可以监督青少年在工作中的表现，要求他们每周参加课程，来讨论他们在工作中所学到的内容。如果该工作无法为青少年提供学习经历，指导咨询师可以帮助他们找到对他们更有价值的新工作。如果学生在学习中心修读在线课程或参加一个学徒项目，各州也应该用类似的方式来监督他们的进步。各州仍要为青少年负责，但在他们追求自己教育时应给他们更大的自由。

我们列举了一些例子，来说明政府所能承担的可能责任，但这些并未结束。许多学生觉得上高中就像是坐牢一样，所以政府在松开将学生留在高中的缰绳的同时，应该为学生提供指导。让学习者在追求自己的教育时承担更多的责任，对于政府来说是明智的，但与此同时，政府也不能忽视自己的责任——为所有公民提供平等机会去获得教育资源，这至关重要。

我们对未来的愿景

随着教育越发个性化、商业化，我们可能会丢失托马斯·杰斐逊和贺拉斯·曼大力倡导的教育愿景：社会中的每一个人都有着获得良好教育的平等机会。贺拉斯·曼曾正确预言教育可以为每个人提供道路以成为精英。普及性学校教育构成了今天中产阶级社会的基础。但是技术的兴起、私有化、收入愈发不平等现象正在破坏这种愿景。

把经济成功作为学校教育的中心成果，可能会使教育的政治和道德目标有被边缘化的危险。在很多方面，教育是美国的公民宗教。我们通过教育来达到我们国家的平等、机会和民主等理想。作为一个社会，我们需要理解，在把学校用作经济竞争引擎的这种需求与我们国家对于机会平等的承诺之间，该如何达到平衡。

我们这些关心教育的人，应该尽一切所能确保我们的孩子接受最好的教育，以生活在这个技术丰富的世界中。即使是我们当中没有孩子的人也需要关注这一趋势。我们所有人都依赖下一代来支持我们的社会服务，如社会安全和医疗保险。为了国家以及我们每一个个体未来的福利，我们的社会为下一代的教育投资是非常重要的事情。我们所有人都理应为一个更公平的教育体系而工作。

在我们国家公平和经济发展的故事中，技术应该扮演什么样的角色呢？ 146
在 19 世纪，美国人发明了公立学校系统，将国家对于公民权的承诺制度化，同时也满足了工业革命中照顾家庭和教育孩子的需求。我们这一代面临着一个类似但全新的设计挑战。我们将要应对的是一个成熟、稳定的教育系统，它被设计用于适应渐进的变化，但对激进的改革却适应不良。技术变革的脚步已经超过学校系统适应重要实践的能力。学校在系统边缘对于学习技术浅尝辄止，而对核心实践的理想变革则全未触及。校外教学与学习新形式的出现，对 19 世纪所形成的学习等同于正式学校教育的看法构成了威胁。

为了让教育同时接纳公平与经济发展，我们认为领导者必须拓展他们的传统实践，发展接纳新信息技术的能力。这需要学校收回一些对于学习过程的控制，但却会再一次将改进学习的最新工具置于公共机构的控制之中(而不是那些能够负担得起费用的家庭与学习者的手中)。

家长和公民应该开始推动这个更广阔的教育改革愿景。学校领导和教师应该需要理解学习技术如何发挥作用,如何改变师生之间的基本互动。技术领导者必需和教育者一起合作,不是充当带着神奇礼物的传教士,而是充当创造新学习机会方面的合作者。

我们需要齐心协力在思维转变方面进行革新。如果社会中能发展更广阔的视角,那么能够带来政治上的必要改变,从而使每个人都能接触到教育资源的领导者便会出现。这些新领导者需要理解新技术的养分,并具备教育应该是将新资源带给所有人这种远见卓识。我们希望这些领导者正在阅读此书,希望这本书能引导他们采取行动,去应对来到我们面前的学习革命。

参考文献

American Youth Policy Forum. (2002). *Florida Virtual School: The future of learning?* Retrieved from aypf. org/forumbriefs/2002/fbl01802. htm

Amrein, A. I. , & Berliner. D. C. (2002). High-stakes testing, uncertainty, and student learning. *Education Policy Analysis Archives*. 10 (18). Retrieved from epaa. asu. edu/epaa/vl0n18/

Anderson. J. R. , Boyle, C. F. , & Reiser, B. J. (1985). Intelligent tutoring systems. *Science*, 228, 456 – 468.

Anderson. M. (2017). *Digital divide persists even as lower-income Americans make gains in tech adoption*. Pew Research Center. Retrieved from pewresearch. org/fact-tank/2017/03/22/digital-divide-persists-even-as-Iower-income-americans-make-gains-in-tech-adoption/

Avituv. A. , & Lerman. R. I. (2004). *Job turnover, wage rates, and marriage stability: How are they related?* New York: Urban Institute. Retrieved from urban. org/publications/411148. html

Barron, B. (2006). Interest and self-sustained learning as catalysts of devel-opment: A learning ecologies perspective. *Human Development*, 49 (4), 193 – 224.

Barron. B. , Gomez. K. , Pinkard, N. , & Martin, C. K. (2014). *The digital youth network: Cultivating digital citizenship in urban communities*. Cambridge. MA: MIT Press.

Beck. J. C. , & Wade. M. (2004). *Got game: How the gamer generation is shaping business forever*. Cambridge. MA: Harvard Business School Press.

Black. R. W. (2008). *Adolescents and online fan fiction*. New York: Peter Lang.

Bonney, R. , Phillips. T. B. , Enck. J. , Shirk. J. , & Trautmann. N. (2014). *Citizen science and youth education*. Commissioned by the Committee on Successful Out-of-School Learning, National Academies of Arts & Sciences. Retrieved from sites. nationalacademies. org/cs/groups/dbassesite/documents/webpage/dbasse_089993. pdf

Boyd, D. (2014). *It's complicated: The social lives of networked teens*. New Haven. CT: Yale University Press.

Brooks, D. (2004). *On Paradise Drive: How we live now (and always have) in the future tense*. New York: Simon & Schuster.

Brown. J. S. (1985, Spring). Idea amplifiers: New kinds of electronic learning environments. *Educational Horizons*, 108 – 112.

Brown. J. S. (2007). Innovation and technology: Interview. *Wired*. Retrieved from

147

148

johnseelybrown. com/wired_int. html

Brown, J. S., & Thomas. D. (2006. April). You play *Warcraft*? You're hired! *Wired*, 14(4). Retrieved from wired. com/2006/04/learn/

Burch. P. (2010). The bigger picture: Institutional perspectives on interim assessment technologies. *Peabody Journal of Education*. 85, 147–162.

Callahan. R. E. (1962). *Education and the cult of efficiency*. Chicago, IL: University of Chicago Press.

Carlton, F. T. (1965). *Economic influences upon educational progress in the United States*, 1820–1850. Richmond. VA: William Byrd Press. (Originally published 1908.)

Carnoy, M. & Levin. H. (1985). *Schooling and work in the democratic state*. Stanford, CA: Stanford University Press.

Carr, N. (2011). *The shallows: What the Internet is doing to our brains*. New York: W. W. Norton.

Chau, C. (2010). YouTube as a participatory culture. *New Directions in Youth Development*, 128, 65–74. doi: 10.1002/yd. 376

Cohen, D. K. (1988a). Educational technology and school organization. In R. S. Nickerson & P. Zodhiates (Eds.). *Technology and education: Looking toward* 2020 (pp. 231–264). Mahwah. NJ: Lawrence Erlhaum Associates.

Cohen, D. K. (1988b). Teaching practice: Plus ca change. ... In P. Jackson (Ed.), *Contributing to educational change: Perspectives on research and practice* (pp. 27–84). Berkeley. CA: McCutchan.

Coleman, J. S. (1961). *The adolescent society*. New York: Free Press.

Collins, A. (1991). Cognitive apprenticeship and instructional technology. In L. Idol & B. F. Jones (Eds.). *Educational values and cognitive instruction: Implications for reform* (pp. 119–136). Hillsdale, NJ: Lawrence Erlbaum Associates.

Collins, A. (2017). *What's worth teaching: Rethinking curriculum in the age of technology*. New York: Teachers College Press.

Collias, A., & Brown, J. S. (1988). The computer as a tool for learning through reflection. In H. Mandl & Lesgold (Eds.), *Learning issues for intelligent tutoring systems* (pp. 1–18). New York: Springer-Verlag.

Collins, A., Neville, P., & Bielaczyc, K. (2000). The role of different media in designing learning environments. *International Journal of Artificial Intelligence in Education*, 11, 144–162.

CommonSenseMedia. (2015). *Mediause by teens and tweens*. Retrieved from commonsensemedia. org/research/the-common-sense-census-media-use-by-tweens-and-teens

Conlan. M. (2016. May 24). *What you might have missed at Maker Faire Bay Area 2016*. Retrieved from edtechmagazine. com/kl2/article/2016/05/ed-tech-innovations-you-missed-maker-faire-bay-area-2016

Corbett. A. T., Koedinger, K. R., & Anderson. J. R. (1997). Intelligent tutoring systems. In M. Helander, T. K. Landauer, & P. Prabhu (Eds.). *Handbook of human-computer interaction* (pp. 849 – 873). Amsterdam: Elsevier Science.

Cremin, L. A. (1951). *The American common school: An historic conception*. New York: Bureau of Publications, Teachers College, Columbia University.

Cremin, L. A. (1977). *Traditions of American education*. New York: Basic Books.

Cremin, L. A. (1980). *American education: The national experience*, 1781 – 1876. New York: Harper & Row.

Csikszentmihalyi, M. (1990). *Flow: The psychology of optimal experience*. New York: Harper & Row.

Cuban, L. (1984). *How teachers taught*. New York: Longman.

Cuban, L. (1986). *Teachers and machines*. New York: Teachers College Press.

Cuban, L. (2001). *Oversold and underused: Computers in the classroom*. Cambridge, MA: Harvard University Press.

Cuban, L. (2013). *Inside the black box of classroom practice: Change without reform in American education*. Cambridge, MA: Harvard Education Press.

Cubberley, E. (1916). *Public school administration*. Boston, MA: Houghton Mifflin.

Daiute, C. (1985). *Writing and computers*. Reading. MA: Addison-Wesley.

Davies. S., & Aurini, J. (2006). The franchising of private tutoring: A view from Canada. *Phi Delta Kappan*, 88(2), 123 – 128.

de Tocqueville, A. (2003). *Democracy in America and two essays on America*. G. E. Bevan, trans. London, UK: Penguin.

Dede, C., Nelson, B., Ketelhut. D., Clarke. J., & Bowman, C. (2004). Design-based research strategies for studying situated learning in a multi-user virtual environment. In *Proceedings of the* 2004 *International Conference on Learning Sciences* (pp. 158 – 165). Mahwah, NJ: Lawrence Erlbaum Associates.

Devane, L. (2016, July 29). 14 surprising facts about educators' social media use. *E-School News*. Retrieved from eschoolnews. com/2016/07/29/14 – facts-about-educators-social-media-use/

Downes. S. (2012, April 23). Rise of the MOOCs. downes. ca/post/57911

Duncan, G. J., & Murnane, R. J. (2011). The American dream: Then and now. In G. J. Duncan and R. J. Murnane (Eds.), *Whither opportunity? Rising inequality, schools, and children's life chances* (pp. 3 – 23). San Francisco. CA: Russell Sage.

Dwyer. D. C., Ringstaff, C., & Sandholtz, J. (1990). *The evolution of teachers' instructional beliefs and practices in high-access-to-technology classrooms*. Paper presented at the annual meeting of the American Educational Research Assoriation, Boston, MA.

Eckert, P. (1989). *Jocks and burnouts: Social categories and identity in high school*. New York: Teachers College Press.

Eisenstein, E. L. (1979). *The printing press as an agent of change*. Cambridge. UK: Cambridge University Press.

150

Enyedy, N. (2014). *Personalized instruction: New interest, old rhetoric, limited results, and the need for a new direction for computer-mediated learning*. Boulder, CO: National Education Policy Center. Retrieved from nepc. colorado. edu/publication/personalized-instruction

Farnham-Diggory, S. (1990). *Schooling: The developing child*. Cambridge, MA: Harvard University Press.

Feller, R. , & Walz, G. (Eds.). (1996). *Career transitions in turbulent times: Exploring work, learning, and careers*. Greensboro, NC: ERIC Clearinghouse on Counseling and Student Services (ED 398 519). Retrieved from files. eric . ed. gov/fulltext/ED398519. pdf

Fowler, G. A. (2013. October 8). An early report card on massive open online courses. *Wall Street Journal*. Retrieved from wsj. com/articles/an-early-report-card-on-massive-open-online-courses-1381266504? tesla = y

Frederiksen, N. (1950). *Adjustment to college: A study of* 10, 000 *veteran and non-veteran students in sixteen American colleges*. Princeton, NJ: Educational Testing Service.

Fiederiksen, N. (1984). The real test bias. *American Psychologist*. 39(3), 193 – 202.

Friedman, T. L. (2006). *The world is flat: A brief history of the twenty-first century*. New York: Farrar, Straus, and Giroux.

Fulghum. R. (1989). *All I really need to know I learned in kindergarten: Uncommon thoughts on common things*. New York: Ballantine.

Fullilove, R. E. , & Treisman, P. U. (1990). Mathematics achievement among African American undergraduates at the University of California, Berkeley: An evaluation of the mathematics workshop program. *Journal of Negro Education*. 59(3), 463 – 478.

Gee, J. P. (2003). *What video games have to teach us about learning and literacy*. New York: Palgrave Macmillan.

Gee, J. P. (2013). *The anti-education era*. New York: Palgrave Macmillan.

Gee, J. P. , & Hayes, B. (2009). Public pedagogy through video games: Design, resources, & affinity spaces. *Game-based learning*. Retrieved from http: //www. gamebasedlearning. org. uk/content/view/59/

Gershenfeld, N. (2012. September). How to make almost anything: The digital fabrication revolution. *Foreign Affairs*. Retrieved from iaac. net/archivos/events/pdf/how-to-make-almost-anything-fo. pdf

Giles, J. (2005, December 15). Internet encyclopedias go head to head. *Nature*. 438, 900 – 901.

Hagel, J. , & Brown. J. S. (2005). *The only sustainable edge: Why business strategy depends on productive friction and dynamic specialization*. Cambridge, MA: Harvard Business School Press.

Halverson, E. R. , Lowenhaupt. R. , Gibbons. D. , & Bass, M. (2009). Conceptualizing identity in youth media arts organizations: A comparative case study. *E-Learning and Digital Media*. 6(1), 23 – 42.

Halverson. R., Kallio. J., Hackett. S., & Halverson, E. (2016). *Participatory culture as a model for how new media technologies can change public schools* (WCER Working Paper No. 2016 – 7). Madison, WI: University of Wisconsin Center for Educa-tion Research. Retrieved from wcer. wisc. edu/publications/working-papers/

Hamilton. S. F. (1990). *Apprenticeship for adulthood: Preparing youth for the future*. New York: Free Press.

Hanushek. E. A., & Raymond, M. E. (2005). Does school accountability lead to improved student performance? *Journal of Policy Analysis and Management*. 24 (2), 297 – 327.

Hart, P. D. (2006). *Report findings based on a survey among California ninth and tenth graders*. Washington. DC: Peter D. Hart Research Associates. Retrieved from connectedcalifornia. org/downIoads/irvine_poll. pdf

Henkoff, R. (1996. January 15). So you want to change your job. *Fortune*. 133(1). 52 – 56.

Herold. B. (2014. June 9). Technology tools for managing schools face stagnant market. *Education Week*. 33(35), 18.

Herold, B. (2015, June 10). Why edtech is not transforming how teachers teach. *Education Week*. Retrieved from edweek. org/ew/articles/2015/06/11/why-ed-tech-is-not-transforming-how. html

Ito. M. (2008). Introduction. In K. Varnelis (Ed.). *Networked publics*. Cambridge, MA: MIT Press. Retrieved from itofLsher. com/mito/publications/. 1 – 14.

Ito. M., Baumer. S., Bittanti. M., boyd. d., Cody, R., Herr-Stephenson. B ......, Tripp, L. (2010). *Hanging out. messing around, and geeking out: Kids living and learning with new media*. Cambridge.MA: MIT Press.

Ito. M., Horst, H., Bittanti, M., Boyd, D., Herr-Stephenson, B., Lange, P. G ......, Robinson, L. (2008). *Living and learning with new media: Summary of findings from the Digital Youth Project*. Chicago, IL: MacArthur Foundation Digital Media and Learning Project.

Jenkins, H. (2008). *Convergence culture: Where old and new media collide*. New York: NYU Press.

Jenkins. H., Purushotma. R., Clinton, K., Weigel. M., & Robison. A. (2007). *Confronting the challenges of participatory culture: Media education for the 21st century*. Chicago: MacArthur Foundation Digital Media and Learning White Paper Series. Retrieved from newmedialiteracies. org/files/working/NMLWhitePaper. pdf

Johnson. S. B. (2005). *Everything bad is good for you: How today's popular culture is actually making us smarter*. New York: Riverhead Press.

Jones, G., Jones. B., & Hargrove, T. (2003). *The unintended consequences of high-stakes testing*. Lanham. MD: Rowman & Littlefield.

151

Kamenetz. A. （2010）. *DIY U: Edupunks，edupreneurs. and the coming transformation of higher education*. Boston. MA：Chelsea Green.

Knobel，M. (2008，April). *Studying aniime music video remix as a new literacy*. Paper presented at the annual meeting of the American Educational Research Association，New York.

Koedinger，K. R.，& Anderson，J. R. (1998). Illustrating principled design：The early evolution of a cognitive tutor for algebra symbolization. *Interactive Learning Environments*，5(2)，161－180.

Kop. R.，& Fournier，H. (2010. Fall). New dimensions to self-directed learning in an open networked learning environment. *International Journal of Self-Directed Learning*. 7(2). Retrieved from http：//nparc. nrc-cnrc. gc. ca/eng/view/object/？id＝c4dc46c9－ef59－46b8－af01－4a7fec44b023

Kozol，J. （2005）. *The shame of a nation: The restoration of apartheid schooling in America*. New York：Three Rivers Press.

Lagemann. E. L. （2000）. *An elusive science: The troubling history of educational research*. Chicago，IL：University of Chicago Press.

Lang. L.，Torgesen. J. K.，Vogel. W.，Chanter. C.，Lefsky. E.，& Petscher. Y. （2009）. Exploring the relative effectiveness of reading interventions for high school students. *Journal of Research on Educational Effectiveness*，2，149－175.

Lanier，J. (2011). *You are not a gadget: A manifesto*. New York：Knopf.

Lave，J. (1988). *The culture of acquisition and the practice of understanding*. Report No. IRL88－0007. Palo Alto，CA：Institute for Research on Learning.

Leander，K.，& Boldt. G. (2008. April). *New literacies in old literacy skins*. Paper presented at the annual meeting of the American Educational Research Association，New York.

Lenhart，A. (2015). *Teens，social media. & technology overview* 2015. Pew Research Center on Internet and Technology. Retrieved from pewinternet. org/2015/04/09/teens-sociaI-media-technology-2015/

Lesgold. A.，Lajoie，S.，Bunzo，M.，& Eggan，G. （1992）. Sherlock：A coached practice environment for an electronics troubleshooting job. In J. Larkin，R. Chabay，& C. Scheftic （Eds.）. *Computer-assisted instruction and intelligent tutoring systems* （pp. 201－255）. Hillsdale，NJ：Lawrence Erlbaum Associates.

Levin，R. A.，& Hines. L. M. (2003). Educational television，Fred Rogers，and the history of education. *History of Education Quarterly*，43(2)，262－275.

Lewis，M. (2001). *Next: The future just happened*. New York：W. W. Norton.

Lou，N.，& Peck，K. （2016. February 23）. By the numbers：The rise of the Makerspace. *Popular Science*. Retrieved from popsci. com/rise-makerspace-by-numbers

Maeroff，G. I. (2003). *A classroom of one: How online learning is changing our schools and colleges*. New York，NY：Palgrave Macmillan.

Means，B.，Padilla，C.，& Gallagher，L. （2010）. *Use of education data at the local level: From accountability to instructional improvement*. U. S. Department of Education Office of Planning. Evaluation, and Policy Development. Retrieved from ed. gov/about/offices/list/opepd/ppss/reports. html # edtech

Metz, M. H. (1990). Real school: A universal drama and disparate experience. In D. E. Mitchell & M. E. Goertz (Eds.). *Education politics for the new century: The twentieth anniversary yearbook of the Politics of Education Association* (pp. 75 – 92). Philadelphia. PA: Falmer Press.

Mislevy, R. , Steinberg. L. , Breyer. F. , & Almond, R. L. (2002). Making sense of data from complex assessments. *Applied Measurement in Education*. 15(2), 363 – 389.

Mumane, R. J. , & Levy. F. (1996). *Teaching the new basic skills*. New York: Free Press.

National Center for Education Statistics (NCES). (2006). *Homeschooling in the United States: 2003*. Washington, DC: NCES. Retrieved from nces. ed. gov/pubsearch/pubsinfo. asp? pubid = 2006042

National Center for Education Statistics (NCES). (2007). *Crime indicators*. Washington, DC: NCES. Retrieved from nces. ed. gov/programs/crimeindicators/crimeindicators2007/

National Center for Education Statistics (NCES). (2015). Table 218. 10. Number and Internet access of instructional computers and rooms in public schools, by selected school characteristics: Selected years, 1995 through 2008. Washington. DC: NCES. Retrieved from nces. ed. gov/programs/digest/d 15/tables/dt 15_218. 10. asp? current = yes

Norman, D. A. (1988). *The design of everyday things*. New York: Currency/Doubleday.

Norris, C. , & Soloway, E. (2003). The viable alternative: Handhelds. *School Administrator*. 60(4), 26 – 28.

Olson, D. R. (1994). *The world on paper: The conceptual and cognitive implications of writing and reading*. Cambridge. UK: Cambridge University Press.

Olson, L. (1997). *The school to work revolution: How employers and educators are joining forces to prepare tomorrow's skilled workforce*. New York: Perseus.

Olson, M. (1982). *The rise and decline of nations*. New Haven. CT: Yale University Press.

Ong, W. J. (1982). *Orality and literacy: The technologizing of the word*. London, UK: Routledge.

Orfield, G. , & Lee, C. (2007, August 29). *Historic reversals, accelerating resegregation. and the need for new integration strategies*. Los Angeles, CA: UCLA Civil Rights Project/ProyectoDerechos Civiles.

Packer, A. (1997). Mathematical competencies that employers expect. In L A. Steen (Ed.). *Why numbers count: Quantitative literacy for tomorrow's America* (pp. 137 – 154). New York. NY: College Entrance Examination Board.

153

Papert, S. (1980). *Mindstorms: Children, computers, and powerful ideas*. New York: Basic Books.

Patru, M., & Balaji. V. (2016). *Making sense of MOOCs: A guide for policy-makers in developing countries*. Paris, France: UNESCO.

Phillips, D., & Cohen, J. (2013). *Learning gets personal: How Idaho students and teachers are embracing personalized learning through Khan Academy*. Boise. ID: J. A. and Kathryn Albertson Family Foundation.

Postman, N. (1982). *The disappearance of childhood*. New York: Delacorte.

Postman, N. (1985). *Amusing ourselves to death: Public discourse in the age of show business*. New York: Viking Penguin.

Postman, N. (1995, October 9). Virtual students, digital classroom. *The Nation*, 377 – 382.

Powell. A. G., Farrar, E., & Cohen, D. K. (1985). *The shopping mall high school: Winners and losers in the educational marketplace*. Boston, MA: Houghton Mifflin.

Putnam. R. D. (2000). *Bowling alone: The collapse and revival of American community*. New York: Simon & Schuster.

Rideout. V. J., Foehr, U. G., & Roberts, D. F. (2010). *Generation M2: Media in the lives of 8 – to 18 – year-olds*. Menlo Park, CA: Kaiser Family Foundation. Retrieved from http://www.kff.org/entmedia/upload/8010.pdf

Rivard, R. (2013, July 18). Udacity project on "pause." *Inside Higher Ed*. Retrieved from insidehighered.com/news/2013/07/18/citing-disappointing-student-outcomes-san-jose-state-pauses-work-udacity

Rodriguez, R. (1982). *Hunger of memory: The education of Richard Rodriguez*. New York: Bantam Books.

Rosenbaum, J. E. (1989, Winter). What if good jobs depended on good grades? *American Educator*, 13(3), 10 – 15, 40 – 42.

Rosenbaum, J. E. (2001). *Beyond college for all: Career paths for the forgotten half*. New York: Russell Sage.

Russell, M., & Haney, W. (1997). Testing writing on computers: An experiment comparing student performance on tests conducted via computer and via paper-and-pencil. *Education Policy Analysis Archives*, 5(3). Retrieved from eric.ed.gov/?id = EI580763

Sadler, P. M. (1987). Misconceptions in astronomy. In J. Novak (Ed.), *Misconceptions and educational strategies in science and mathematics* (pp. 422 – 437). Ithaca. NY: Cornell University Press.

SCANS Commission. (1991). *What work requires of schools: A SCANS report for America* 2000. Washington, DC: Secretary's Commission on Achieving Necessary Skills, U.S. Department of Labor.

Schank, R. C., Fano, A., Bell. B., & Jona, M. (1994). The design of goal-based scenarios. *Journal of the Learning Sciences*, 3(4), 305 – 346.

Schön, D. A. (1983). *The reflective practitioner: How professionals think in action*. New York: Basic Books.

Shaffer, D. W. (2004). Pedagogical praxis: The professions as models for post-industrial education. *Teachers College Record*. 106(7), 1401 – 1421.

Shaffer, D. W. (2006). *How computer games help children learn*. New York: Palgrave.

Shah. D. (2016, December 25). *By the numbers: MOOCS in* 2016. Retrieved from class-central. com/report/mooc-stats-2016/

Shepard, L. (2010). What the marketplace has brought us: Item-by-item teaching with little instructional insight. *Peabody Journal of Education*, 85(2), 246 – 257.

Sheridan. K., Halversoa E., Litts, B., Brahms, L., Jacobs-Priebe, L., & Owens. T. (2014, Winter). Learning in the making: A comparative case study of three makerspaces. *Harvard Educational Review*. 84(4), 505 – 531.

Shulman, L. (1986, February). Those who understand: Knowledge growth in teaching. *Educational Researcher*, 4 – 14.

Singer, N. (2017, May 13). How Google took over the classroom. *New York Times*. Retrieved from nytimes. com/2017/05/13/technology/google-education-chromebooks-schools. html? _r = 0

Squire. K. (2006). From content to context: Videogames as designed experience. *Educational Researcher*, 35(1), 19 – 29.

Squire, K. D. (2004). Sid Meier's *Civilization III*. *Simulations and Gaming*. 35(1), 135 – 140.

Stallard, C. H., & Cocker, J. S. (2001). *The promise of technology in schools: The next* 20 *years*. Lanham, MD: Scarecrow Press.

Steinkuchler, C. (2006). Virtual worlds, learning, & the new pop cosmopolitanism. *Teachers College Record*. 12(84).

Steinkuehler. C. (2008). Massively multiplayer online games as an educational technology: An outline for research. *Educational Technology*, 48(1), 10 – 21.

Sztajn. P., Confrey. J., Wilson. P. H., & Edgington. C. (2014). Learning trajectory based instruction: Toward a theory of teaching. *Educational Researcher*, 41(5), 147 – 156.

Tapscott, D. (1988). *Growing up digital: The rise of the Net Generation*. New York: McGraw-Hill.

Thornburg, D. D. (1992). *Edutrends* 2010: *Restructuring, technology, and the future of education*. San Carlos, CA: Starsong Publications.

Turkle, S. (2015). *Reclaiming conversation: The power of talk in a digital age*. New York: Penguin.

Twenge, J. M. (2017). *iGen: Why today's super-connected kids are growing up less rebellious, more tolerant, less happy—and completely unprepared for adulthood—and what that means for the rest of us*. New York: Atria Books.

Tyack, D., & Cuban, L. (1995). *Tinkering toward Utopia: A century of public school*

155

reform. Cambridge, MA: Harvard University Press.

Tyack, D. B. (1974). *The one best system: A history of American urban education*. Cambridge, MA: Harvard University Press.

Tyner, K. (1994). *Access in a digital age*. San Francisco: Strategies for Media Literacy.

Vinovskis. M. A. (1995). *Education, society, and economic opportunity: A historical perspective on persistent issues*. New Haven, CT: Yale University Press.

White, B. Y., & Frederiksen, J. R. (1998). Inquiry, modeling, and metacognition: Making science accessible to all students. *Cognition and Instruction*. 16(1), 3-118.

White, B. Y., & Frederiksen. J. R. (2005). Atheoretical frameworkandapproach for fostering metacognitive development. *Educational Psychologist*. 40(4), 211-223.

Williams. C. (2016. January 12). Traditional TV viewing is over: YouTube habit is permanent, warn researchers. *The Telegraph*. Retrieved from telegraph. co. uk/ finance/newsbysector/mediatechnologyandtelecoms/media/12067340/Traditional-TV-viewing-is-over-YouTube-habit-is-permanent-warn-researchers. html

Yazzie-Mintz, E. (2006). Voices of students on engagement: A report on the 2006 high school survey of student engagement. Retrieved from ceep. indiana. edu/ hssse/pdf/HSSSE_2006_Report. pdf

Zuboff, S. (1988). *In the age of the smart machine: The future of work and power*. New York: Basic Books.

156

Accenture　埃森哲,66

Access to technology in schools　得到学校里的技术,36-37

Accountability policies　问责制,109-110

Act of 1647　《1647法案》,52

ACUITY　ACUITY评价公司,72

Advanced Placement(AP)　进阶先修课程(AP),102,113,118

Affinity spaces　亲和空间,xi,76-78,80,86,93,118,132

Affluence and spending on school　富裕和在学校的花费,62-63

Ahitov, Avner,　137

Airbnb,　15

ALECKS,　72

All I Really Need to Know I Learned in Kindergarten(Fulghum)　《我真正需要知道的在幼儿园就已经学会了》,38

Almond, R.L.,　113

Amazon　亚马逊公司,12,15,105

American College Testing(ACT)　美国高考(ACT),58,72,104

American Federation of Teachers　美国教师联合会,34-35

American Revolution　美国革命,52-53,63

American Schooling　美国学校教育,49-64

　apprenticeship to universial schooling　从学徒制到普及性学校教育,7,50-54

　changing demands on schools　对学校不断改变的需求,61-63

　cycle of revolution　革命的循环,63-64

　development of　发展,49

　one-room schoolhouses　单室校舍,54,55,56

　school system evolution　学校体系演进,58-61

　universal schooling　普及性学校教育,xvi,4,31,54-58

American Youth Policy Forum　美国青年政策论坛,119

Amrein, A.L.,　110

Anderson, J.R.,　18,72

Anderson, M.,　101

AppalShop,　82

Apple Classroom of Tomorrow(Dwyer)　《明日苹果教室》,30

Apprenticeships, *See also* Employment　学徒制,另见就业

　Apprenticeship-based *vs.* school-based education system　学徒制教育与学校教育体系7

　Industrial Revolution and　工业革命,7

　from observation to testing to embedded assessment　从观察到测试到嵌入式评价,92-93

　personal bonds　个人联系,96

　student work and school program　学生作品和学校项目,140

　to universal schooling　到普及性学校教育,50-54,97

Apprenticeship to didacticism to interaction　学徒制到教学主义到互动,90-91

ARIS game *ARIS* 游戏

Aristotle 亚里士多德,ix

Arnold, Marcus, 2－3

Askme.com, 2－3

Assessment. *See also* Testing 评价。另见测试

  barriers to technology use in schools 在学校中使用技术的障碍,40－41

  benchmark 基准,72

  computer-adaptive learning system 计算机自适应学习系统,92－93

  evidence-centered 以证据为中心的,113－114

  measurement of production 产出的测量,57－58

  from observation to testing to embedded assessment 从观察到测试到嵌入式评价,92－93

  performance-based 基于实作表现的,111－114

  standardized vs. specialization 标准化测试与专门化测试,43－44

  standards and assessment movement 标准和评价运动,17

  virtual affinity group 虚拟亲和群体,93

AT&T 美国电话电报公司,1

Attendance, compulsory 强制参加,58－59

Aurint, J., 100

Authority of teachers 教师权威,39－40

Balaji, V., 74

Barriers to technology use in schools 在学校中使用技术的障碍,36－41

  assessement 评价,40－41

  authority and teaching 权威和教学,39－40

  classroom management 课堂管理,37

  computers can't teach 计算机不能教学,38

  cost and access 花费和可得性,36－37

  instruction challenges 教学挑战,38－39

Barron, Brigid, 2,82,131

Bass, M., 82

Baumer, S. 76,83,95

Beck, John C., 124

Beecher, Catherine, 53

Bell, B., 19

Benchmark assessment 基准评价,72

Berlinner, D. C., 110

Bielaczyc, K., 23

Bittanti, M., 18,76,83,95

Black, R.W., 18,82

Boldt, Gail, 13

Bonney, R., 24

Bowman, C., 20

Boyd, D., 18,76,83,95

Boyle, C.E., 18

Breaking Bad TV show 《绝命毒师》电视剧,125－126

Breyer, F., 113

Bring Your Own Device(BYOD) "带好自己设备"政策,37

Broadcasting, 广播,16

Brooks, David, 101

Brown, J. S. 10,19,117,121

Bunzo, M. 18

Burch, P. 110

Callahan, R.E., 31,57

Calvin, John, 51,52

Canvas, 117

Career counseling 职业咨询,140,142－143

Career, rethinking 重新思考职业,136－138

Carlton, F.T., 52,53

Carnegie Foundation 卡内基基金会,57

158

Carnegie units 卡内基单元,57,60, 112 - 113

Carnoy, Martin, 102

Carr, N., 99,103

Certifications for specific skills 特定技 能认证,111 - 114

Chanter, C., 72

Charter schools 特许学校,65 - 66,68, 75

Chau, C., 82

Chicago Digital Youth Network 芝加 哥数字青年网络,82

Child-labour abuse 虐待童工,93 - 94

Chromebooks Chromebooks 笔记本, xix,36

Cisco 思科,2,66

Citizen science 公民科学,24,116

Civilization game 《文明》游戏,21, 116 - 117,133

Clarke, J., 20

A Classroom of One (Maeroff), 《一个 人的教室》,71

Cliton, K., 76,101

CNN. com, 美国有线电视新闻网网站, 24

Cocker, Julie, 16

Code Academy 编程学院,xxi

Coding, 编码,33,123

Cody, R., 76,83,95

Cohen, D. K., 31,33,34,35,37,38, 41,60

Coleman, James, 95

Collins, A., xi, 18,23,90,114,123

Committee of Ten 十人委员会,57,89

Common Core State Standards Initiative 《共同核心州立标准倡议》110,144

Common Sense Media 常识媒体,122

Communication 交流

changing world of 变化中的世界, 11 - 13

important things to learn 要学习的

重要事情,135

learner education 学习者教育,23 - 25

misunderstandings 误解,13

networked digital media 网络化数字 媒体,13.

Communities of interest 兴趣社区,11 - 12,122 - 123

Communities of place 场所社区,11, 12 - 13

Competition in schools 学校里的竞争, 106

Compulsory attendance 义务教育,58 - 59

Computer-adaptive instructional system 计算机自适应教学系统

assessment 评价,92 - 93,113 - 114

customization of learning 学习的定 制,105

individualizing learning pathways 将 学习道路个性化,68,71 - 73,75

purpose of 目的,72

Computer-adaptive testing 计算机自适 应测试 72

Computers, *See also* Video games 计算 机,另见视频游戏

cost and access in the classroom 教室 中的成本和机会,36 - 37

personalized/individualized scaffolding 个人化/个性化的脚手 架,19

personal learning assistants 个人学 习助手,16

school courses for 学校计算机课程, 33

school use of 学校对计算机的运用, 9 - 10

thinking with computer tools 用计算 机工具思考,10 - 11

tutors 辅导者,18

Condemn the technologies 谴责这些技

159

术,34

Confrey, J.， 72

Content：from practical skills to disciplinary knowledge to learning to learn 内容：从实用技能到学科知识，到学会学习,88 - 90

Coopt the the technologies 吸纳技术,35

Corbett, A. T.， 72

Core competencies 核心能力,89 - 90

Cornell Lab of Ornithology 康奈尔大学鸟类实验室,24

Costs 成本
affluence and spending on school 富裕和在学校上的花费,62 - 63
management and information technologies 管理和信息技术,110
technology in schools 校内技术,36 - 37

Counselling, career 职业咨询,140,142 - 143

Coursera 免费在线大学公开课程 Coursera,74

Coverage vs. explosion 内容覆盖与知识爆炸,44 - 45

Credentials for specific skills 具体技能证书,111 - 114

Cremin, L. A.， 50,52,53

Csikszentmihalyi, Mihaly， 21

Cuban, Larry， 61
Carnegie units 卡内基单元,57
situationally constrained choice 情景限制的选择,32
technology changing schools 技术改变学校,30 - 31,36 - 37,91,101,126

Cubberley, Elwood， 57

Culture 文化,22 - 23,95 - 96,125

Curriculum 课程
controlling learning with 用课程控制学习,17,31 - 32
four-stage student learning model 四阶段学生学习模式,115
new designs 新设计,114 - 117
science 科学,38 - 39
standardized vs. specialization testing 标准化测试与专门测试,35
textbooks 教科书,59 - 60
trivium roots "三艺"根源,134
urban planning 城市规划,116

customization of learning 学习定制,15 - 16,41 - 42,105,109

Daiute, Colette， 18

Danger, mitigation of 减轻危险,106 - 107

Dark Web， xi

David, Jane， 33

Davies, S.， 100

Dede, Chris， 20,21

Defense of the Ancients game《远古的防御》游戏,20

Department of Education, Race to the Top Initiative 美国教育部《争创一流倡议》,110

Department of Labor 劳工部,89,112

Devane, L.， 70

Dewey, John， 约翰·杜威 28

Digital divide 数字鸿沟 101

Digital media 数字媒体,13,42 - 43

Digital Youth Network 数字化青年网络,115

Distance education 远程教育,66

Diversity and demands on schools 多样化及对学校的要求 62

Do-It-Yourself(DIY)education 动手实践教育,68,86,88

Downes, S.， 74

DreamBox Learning 儿童在线数字平台 DreamBox Learning, 72

DuBois, W. E. B.， 129

Duncan, Greg， 88

Dwyer, D. C.， 29,39

Dynamic Web Design 动态网页设计公司,2

eBird 赏鸟网站 eBird,24
Eckert,Penelope, 95
Economic development and education 经济发展与教育,146
Edgington,C., 72
Edmentum, 73
EdX 在线教育平台 EdX,74,100
Eggan,G., 18
Egg-crate school 蛋箱学校,56
Eisenstein,E. L., 22,51
Employment. *See also* Apprenticeship 就业。另见学徒制
  in the future 在未来,xix-xx
  media and destabilization of 媒体和就业不稳定,102 - 103
  rethinking careers 重新思考职业,136 - 138
  school-to-work programs 从毕业到就业项目,140 - 141
  transition between learning and 学习和就业之间的转变,138 - 141
Enck,J. 24
Enyedy,N., 73
Episode phone app "叙事片段"手机应用程序,123,134
Epistemic frames 认知框架,116
Equilibrium of school systems 学校系统的平衡,32
Equity of education 教育公平,xvi,101,102,118 - 119,129 - 130,144
Eras of education 教育的时代,85 - 79
  assessment 评价,92 - 93
  content：from practical skills to disciplinary knowledge to learning to learn 内容：从实际技能到学科知识到学会学习,88 - 90
  culture 文化,95 - 96
  expectations：from social reproduction to success for all to individual choice 期望：从社会复制到全员成功到个人选择,86 - 88
  location：from home to school to anywhere 地点：从家庭到学校到任何地方,93 - 94
  pedagogy：from apprenticeship to didacticism to interaction 教学法：从学徒制到教学主义到互动,90 - 91
  responsibility：from parents to state, to individuals, to parents again 责任：从家长到国家,然后到个体再到家长,85 - 86
  transformations in education 教育的转型,97
Evidence-centered assessment 以证据为中心的评价,113 - 114

Fablabs 数制工坊,81
Facebook
  advertising on 广告,2
  communication with 交流,xxi,12
  hanging out 闲逛,76,77
  teacher vs. learner control 教师控制与学习者控制,43
  virtual learning 虚拟学习66,67,75
  writing on 在 Facebook 上写作,79
Factory model school 工厂模式学校31
Failure of students 学生的失败,106
Fan fiction sites 同人小说网站,11,18,43,66,91,118
Fano,A. 19
Fantasy sports 梦幻体育,66,135 - 136
Farm family education 农场家庭教育,54
Farrar,E., 31,35,38,60
Federal Teachers（Thornburg）《联邦教师》,29 - 30
Feedback 反馈,18,23
Feller,R., 137
The Fifth Element movie 《第五元素》

电影,78

Foehr, U.G., 43

Foldit 电子游戏 Foldit,24

Fournier, H., 74

Fowler, G.A., 74

Frederiksen, John, 26

Frederiksen, Norman, 94,138

Friedman, Thomas, 129

Froebel, Friedrich, 57

Fulghum, Robert, 38

Fullilove, R.E., 44

Fulton, Mary Lou, ix-xi

Gains from technology in schools 从学校技术中得到的收获,104 - 106

Galaxy Zoo 星系动物园网站,24

Gallagher, L., 110

Game of Thrones TV show 《权力的游戏》电视剧,125 - 126

Games. *See* Video games 游戏。参见游戏视频

Gates Bill, 比尔·盖茨 86

Gee, James Paul

  history of education 教育历史,ix-xi

  individualized learning 个性化学习,73,76,118

  learning with video games 用视频游戏学习,18,20,21,124

Geeking out 痴迷,76 - 77

GeoCities 雅虎地球村(网站),131

Geometer's Sketchpad 几何画板,1

Gershenfeld, Neil, 81

Gibbons, D., 82

Giles, J., 79

Gmail Gmail 邮箱, xix

Gomez, K., 82

Google

  commercialization of education 教育的商业化,105

  information searches 信息搜索,15

  mash-ups 混搭作品,23 - 24

virtual learning 虚拟学习,xix, xx, 66,67,101 - 102

  YouTube as part of Google 作为 Google 一部分的 YouTube,79

Google classroom Google 教室,16,36

Google Docs Google 文献,xix

Google Maps Google 地图,15,27

Got Game(Beck & Wade)《单挑》,124

Government control over schooling 政府对学校教育的控制,31,85 - 86,97, 110 - 111,143 - 145

Graded schools 年级制学校,59

Graduate Record Examination（GRE） 美国研究生入学考试,72,113

Graphic fan fiction 平面同人小说,x

GSuite GSuite 办公套件,xix

Hackett, S., 81

Hagel, John, 121

Halverson, E.R., 81,82

Halverson, R., xi, 81

Hamilton, Alexander, 53

Hamilton, S.F., 140

Haney, Walter, 36

Hanging out 闲逛,76

Hanushek, E.A., 109

Hargrove, T., 110

Harris, Willam Torrey, 56 - 57

Hart, P.D., 133

Hayes, Betty, 76

Hearthstone game, 《炉石传说》游戏, 21,122

HelloFresh, 12

Henkoff, R., 137

Herold, B., 36,110

Herr-Stephenson, B., 18,76,83,95

High school 高中,57,60

Hines, L.M., 35

Homeschooling 在家学校教育,5,62, 65,68,86,88,130,133

Horst, H., 18

Hughes，John Joseph， 53

Hunger of Memory（Rodriguez）《回忆饥饿》,86

Hypertext Markup Language（HTML）超文本标记语言,123,131

Immigration and demands on schools 移民及对学校的要求,62,87

Individualized Education Plan（IEP）个性化教育计划,16

Industrial Age 工业时代,8

Industrial Revolution 工业革命

    American schooling development and 美国学校教育发展,49,53 - 54

    apprenticeship-based vs. school-based education system 学徒制教育体系与学校教育体系,7

    content：from practical skills to disciplinary knowledge to learning to learn 内容：从实用技能到学科知识到学会学习,88 - 89

    culture 文化,95

    educational system changes during 教育系统转变,4

    expectations：from social reproduction to success for all to individual choice 期望：从社会复制到全员成功到个人选择,86 - 87

    location：from home to school to anywhere 地点：从家庭到学校到任何地方,93 - 94

    power tools used during 所用的动力工具 10,11

    purpose of education during 教育目的,146

Information Revolution 信息革命,4

InProgress 艺术机构 InProgress,82

Instagram 照片分享应用软件 Instagram,67,70,75,76,80

Interaction 互动,17 - 18,109

Interest-based learning environment 基于兴趣的学习环境,75 - 83

    impact on current school system 对当前学校体系的影响,100

    Maker Space 创客空间,80 - 83

    overview 概览,75 - 78

    Wikipedia 维基百科,78 - 79

    YouTube， 79 - 80

Interlocking school system 连锁学习系统,33

Internet 因特网

    change in learning technologies 学习技术的变化,xx

    customized learning 定制的学习,15

    digital distribution and ownership 数字分布与拥有权,125

    interest-based learning environments 基于兴趣的学习环境,75 - 83

    learner communications 学习者交流,24 - 25

iPhone iPhone 手机,xxi

Ito，M.， 13,18,76,83,95

iTunes， 24

Jefferson，Thomas， 托马斯·杰斐逊 6,52 - 53,99,145

Jenkins，Henry， 22,76,101

Jobs. *See* Employment 工作。参见就业

Johnson，Steven， 125

Jona，M.， 19

Jones，B.， 110

Jones，G.， 110

Journal of the National Association of Teachers 《美国教师协会杂志》,29

Journey method 旅行方法,ix

Just-in-time learning 即时学习,14 - 15,48,100

Kaiser Foundation Kaiser 基金会,43

Kallio，J.， 81

Kamenetz，Anya， 68,88

Kaplan　卡普兰学习中心,66

Kepler satellite　开普勒卫星,24

162　Ketelhut, D.,　20

Khan, Salman,　68

Khan Academy　可汗学院

community tutoring model　共同体辅导模式,119

distance learning　远程学习,75

education commercialization　教育商业化,105

interest-based education　基于兴趣的教育,100

as new media product　作为新媒体产品,xxi

technology enthusiast victory　技术热衷者的胜利,126

variety of resources　资源的多样化,71

video learning resources　视频学习资源,68 - 69,79

virtual learning　虚拟学习,66

Kindergarten　幼儿园,57

Knewton　Knewton 公司,73

Knobel, Michele,　1 - 2

Knowledge explosion　知识爆炸,44 - 45

Knowledge Revolution　知识革命

American schooling development and　美国学校教育发展,49

benefits vs. disadvantages of　好处与缺点,6

computer tools　计算机工具,10

relevance of education　教育的相关性,7

work transformation　工作转型,4 - 5

Koedinger, K. R.,　18,72

Kop, R.,　74

Kozol, Jonathan,　118

Lagemann, E. L.,　58

Lajoie, S.,　18

Lang, L.,　72

Lange, P. G.,　18

Lanier, Jaron,　103

Lave, Jean,　106

Leadership, educational　教育领导,141 - 143

Leander, Kevin,　13

Learner control, defined　界定的学习者控制,109

Learning, rethinking　重思学习,130 - 132

Learning environments　学习环境,13 - 26

communication　交流,23 - 25

customization　定制,15 - 16,105

games and simulations　游戏和模拟,19 - 22

interaction　互动,17 - 18

just-in-time learning　即时学习,14 - 15

learner control　学习者控制,16 - 17

multimedia　多媒体,22 - 23

reflection　反思,25 - 26

scaffolding　脚手架,18 - 19

Learning trajectory　学习轨迹,72

Learning vs. schooling　学习与学校教育,3 - 4

Lee, Chungmei,　129 - 130

Lefsky, E.,　72

Lenhart, A.,　75

Lerman, Robert,　137

Lesgold, A.,　18

Levin, Henry,　102

Levin, R. A.,　35

Levy, F.,　5,102

Lewis, Michael,　2 - 3

Lifelong learning　终身学习,96 - 97,131

Lincoln, Abraham,　亚拉伯罕·林肯,86

Literacy skills　读写技能,123 - 124

Location：from home to school to

anywhere 地点：从家庭到学校到任何地方, 93 - 94

Locked in place of schooling 学校教育原地踏步, 30 - 33

Lost things from technology 技术中丢失的东西, 99 - 104

Lowenhaupt, R., 82

Luther, Martin, 17, 51

Lyft 打车应用软件 Lyft, 15

Madden game 《疯狂橄榄球》游戏, 22

Maeroff, Gene, 71

Maker Corps 创客公司, 115

Maker Faires 创客嘉年华, 82

Maker Media 创客媒体, 81

Maker Spaces 创客空间, 80 - 83

Management, classroom 课堂管理, 37

Mann, Horace 贺拉斯·曼
  compulsory attendance 义务教育, 59
  public schooling fostering tolerant society 培养包容社会的公共学校教育, 103
  success from public education 来自公共教育的成功, 6, 8, 49, 87, 99
  teacher preparation for teaching 为教学进行的教师培养, 55
  universal schooling 普及性学校教育, 50, 53 - 54, 85, 141, 145

Marginalize the technologies 将技术边缘化, 5

Martin, C. K., 82

Massively multiplayer online game (MMOG) 大型多玩家在线游戏, 20, 117, 135

Massive open online course (MOOC) 大规模公开课, 慕课, xxi, 67, 68, 73 - 75, 126

Mathematics 数学, 11, 22, 113, 135, 136

Mathematics Olympiad 数学奥林匹克竞赛, 1

Means, B., 110

Measurement of production in school 学校生产的测量, 57 - 58

Measures of Academic Progress "学业进步测量"公司, 72

Media 媒体
  Internet music, videos, etc. 因特网音乐、视频等, 15
  learner control 学习者控制, 16
  multimedia 多媒体, 22 - 23
  technology for education outside of school 学校外教育技术, xvi-xvii

Memorization 记忆, ix

The memory of palace 宫殿回忆, ix, x

Mentoring. *See* Apprenticeship 辅导。见学徒制

Messing around 摆弄, 76

The method of *loci* 轨迹方法, ix

Metz, Mary Heywood, 31

Microsoft 微软, 2

Mindstorms (Papert) 头脑风暴编程机器人, 26

Minecraft game 《我的世界》游戏, 77 - 78, 122

Mislevy, R., 113

Moodle Moodle 网络教学平台, 117

Morrill Act 《莫里尔法案》, 56

Motivation, rethinking 重新思考动机, 132 - 134

Multimedia for communicating information 交流信息多媒体, 22 - 23

Murnane, R. J., 5, 88, 102

MySpace 聚友网, 76

Narrowcasting 窄播, 16

National Audubon Society 美国奥杜邦学会, 24

National Center for Education Statistics (NCES) 国家教育统计中心, 36, 62

National Council of Teachers of Mathematics 国家数学教师理事会,

113,136

National Pubic Radio　美国公共电台，24

Nelson, B.,　20

Netflix　网飞电影租赁公司，15

Networks. *See also* Affinity spaces　网络。另见亲和空间

business exchanges　商业交换，13

information　信息，36

personalized　个人化的，15

Pinterest　图片社交网站 Pinterest，68,70‑71,75

social　社会的，22‑23,91,131‑132

virtual　虚拟的，91

Neville, P.,　23

Newton, Isaac,　艾萨克·牛顿，27

Next (Lewis)　《下一个：刚刚发生的未来》，2‑3

Norman, D. A.,　23

Norris, Cathleen,　36

Norvig, Peter,　73‑74

Olson, D. R.,　22

Olson, L.,　140

Olson, Mancur,　55,61

One best system of school　一个最好的学校体系，31

Ong, W. J.,　22,51

Online learning　在线学习，5

Open University　开放大学，100

Orfield, Gary,　129‑130

Packer, A.,　14

Padilla, C.,　110

Papert, Seymour,　1,26

Parental responsibility for education　家长承担的教育责任，50,52,85‑86

Participation gap　参与鸿沟，101

Patru, M.,　74

Pedagogy: from apprenticeship to didacticism to interaction　教学法：从学徒制到教学主义到互动，90‑91

Peer-to-peer University　P2P 大学，74

Performance-based assessment　基于实作表现的评价，111‑114

Personal learning assistants　个人学习助手，16

Petscher, Y.,　72

Philbrick, John,　56

Phillips, D.,　69

Phillips, T. B.,　24

Pinkard, N.,　82

Pinterest　图片社交网站 Pinterest，68,70‑71,75

Planet Hunters　行星猎人，24

Platoon school　分组学校，57

Pop culture　流行文化，125

Postman, N.,　22,38,42,75

Poverty and education disparities　贫穷和教育差距，xvi,101,102,103‑104,144

Powell, A. G.,　31,35,38,60

Princeton Review　普林斯顿评论公司，66

Printing press　印刷机，ix,17,51

Privatization of education　教育私有化，103

Promise, realization of　实现承诺，106‑107

Protestant Reformation　新教改革，51‑52

PTA Gazette (Thornburg)　《家长教师联合会简报》，29

Public school. *See* Schools　公共学校。参见学校

Purushotma, R.,　76,101

Putnam, Robert,　12,103

Race to the Top Initiative　《争创一流倡议》，110

Raymond, M. E.,　109

READ 180　READ 180 普遍共同核心

项目,72

Reading 阅读,123 - 124

Real school model 真正学校模式,31

Real-world task 真实世界任务,21

Reddit Digital Art Reddit 数字艺术,2,70,80

ReelWorks ReelWorks 公司,82

Reflection 反思,25 - 26

Reforming education, failure of 改革教育的失败,33 - 36

Reiser, B. J., 18

Relationships: from personal bonds to authority figures to computer-mediated interaction 关系：从个人联系到权威人物到计算机中介的互动,96 - 97

Religious group demands on schools 宗教群体对学校的要求,62

Resources, authentic vs. fake news 真实资源与虚假新闻,6

Responsibility: from parents to state, to individuals, and parents again 责任：从家长到国家到个人再到家长,85 - 86

Rethinking education 重新思考教育,129 - 146

　careers 职业,136 - 138

　educational leadership 教育领导,141 - 143

　government role in education 政府在教育中的责任,143 - 145

　important things to learn 要学习的重要事情,134 - 136

　learning 学习,130 - 132

　motivation 动机,132 - 134

　transitions between learning and work 学习和工作之间的转变,138 - 141

　vision of the future 未来的愿景,145 - 146

Rideout, V.J., 43

Ringstaff, C., 39

River City game 《河城》游戏,20

Roberts, D. F., 43

Robinson, L., 18

Robinson, A., 76,101

Rodriguez, Richard, 86

Rosenbaum, J.E., 40,138

Rural American Teacher 《美国乡村教师》,29

Russell, Michael, 36

Sadler, Philip, 14

Sandholtz, J., 39

Scaffolding 脚手架,18 - 19

SCANS Commission 《关于获得必要技能的部长委员会报告》(美国劳工部),89 - 90,112

Schank, Roger, 19,21

Scholastic Aptitude Test(SAT) 学术能力测试,104

Schön, Donald, 25

Schools. *See also* American schooling 学校。另见美国学校教育

　crisis in 学校中的危机,3

　homeschooling 在家学校教育,5,62,65,68,86,88,10,133

　identification with learning 等同于学习,100

　learning vs. schooling 学习与学校教育,3 - 4

　online learning 在线学习,5

　opt-out of public schools 退出公立学校,100 - 101

　out-of-school education 校外教育,3,5

　traditional teaching 传统教学,5

　universal schooling 普及性学校教育,xvi,4,7,31,50 - 58

School-to-Work programs 从毕业到就业项目,140 - 141

Scientific Revolution 科学革命

Seeds of a new school system 新学校体系的种子,65 - 84

computer-adaptive systems 计算机自适应系统,71－73

interest-based learning environment 基于兴趣的学习环境,75－83

Khan Academy 可汗学院,68－69

massive open online course(MOOC) 大规模在线课程,慕课,67,68,73－75

overview 概览,65－67

Pinterest 图片社交网站 Pinterest,70－71,75

Self-directed learning 自主学习,133

Self-sustaining school system 自给自足的学校系统,33

Shaffer, David, 118

Shah, D., 74

Shepard, L., 73

Shirk, J., 24

Shulman, Lee, 34

Shurz, Margarethe, 57

SimCity game 《模拟城市》游戏,117

The Sims family 《模拟人生》游戏系列,x

Simulations 模拟,19－22

Situationally constrained choice 情景限制的选择 32

SnapChat 照片分享应用程序 SnapChat,xxi,75,76,80,117

Social cohesion and equity 社会凝聚力和公平,6－7

Social lives changed by technology 技术改变的社会生活 124－126

Social networks 社交网络,131－132

Social segregation 社会隔离,7

Soloway, Elliot, 36

Special education, Individualized Education Plan(IEP) 特殊教育,个性化教育计划 16

Squire, Kurt, 133

Stallard, Charles, 16

Standarized Aptitude Test(SAT) 标准化能力考试(SAT),58

Standards and assessment movement 标准和评价运动,17

STAR 网上评估系统 STAR,72

Starbucks 星巴克咖啡,1

Starcraft game 《星际争霸》游戏,20

Steinberg, L., 113

Steinkuehler, Constance, 20,21

Sylvan 森林之神学习中心,66

Sztajn, P., 72

Tapscott, Don, 121

Teachers 教师,39－40,42－43

Technology literacy gap 技术素养鸿沟,122

Technology resistance 技术阻力,29－47

　barriers to technology use in schools 学校中技术运用的阻力,36－41

　failure of education reforms 教育改革的失败,33－36

　incompatibilities 不协调,41－46

　school resitance to change 学校变革的阻力,29－30

　stable school structure 稳定的学校结构,30－33

　vision of schooling 学校教育的愿景,46－47

Technology resistance, barriers to use in schools 技术阻力,在学校中运用的阻碍,36－41

　assessement 评价,40－41

　authority and teaching 权威和教学,39－40

　classroom management 课堂管理,37

　computers can't teach 计算机教不了,38

　cost and access 代价和机会,36－37

　instruction challenges 教学挑战,38－39

165

Technology resistance, incompatabilities 技术阻力, 不协调, 41-46
    coverage vs. knowledge explosion 内容覆盖与知识爆炸, 44-45
    learning by assimilation vs. learning by doing 同化学习与动手学习, 45-46
    owning knowledge vs. mobilizing outside resources 拥有知识与动用外部资源, 44
    standardized vs. specialization testing 标准化测试与专门测试, 43-44
    teacher as expert vs. diverse knowledge sources 作为专家的教师与多样化知识来源, 42-43
    teacher vs. learner control 教师与学习者控制, 43
    uniform vs. customized learning 统一学习与定制学习, 41-42
Technology revolutionizing schooling 技术改革学校教育, 9-28
    changing world 改变中的世界, 9-13
    education outside of school 校外教育, xvi-xvii
    vision of schooling 学校教育愿景, 26-28
Technology revolutionizing schooling by educating learners 技术通过教育学习者改革学校教育, 13-26
    communication 交流, 23-25
    customization 定制, 15-16, 105
    games and simulations 游戏与模拟, 19-22
    interaction 互动, 17-18
    just-in-time learning 即时学习, 14-15
    learner-control 学习者控制, 16-17
    multimedia 多媒体, 22-23
    reflection 反思, 25-26
    scaffolding 搭建脚手架, 18-19
Teleconferencing 电话会议, 119

Television 电视 65, 125-126
Tenmarks 在线教育平台 Tenmarks, 72, 105
Testing. See also Assessment 测试。另见评价
    American College Testing (ACT) 《美国高考》(ACT), 58, 72, 104
    computer-adaptive 计算机自适应的, 72
    Graduate Record Examination (GRE) 美国研究生入学考试 GRE, 72, 113
    high-stakes 高利害, 109-110
    purpose of 目的, 92
    Scholastic Aptitude Test (SAT) 学术能力测试, 104
    school system evolution 学校体系演进, 59
    standardized 标准的, 40-41
    Standardized Aptitude Test (SAT) 标准化能力测试, 58
    standardized vs. specialization testing 标准化测试与专门测试, 35, 43-44
Test of English as a Foreign Language (TOEFL) 托福考试, 113
Textbooks 教科书, 59-60
Thomas, Doug, 117
Thornburg, D. D., 29-30
Thorndike, Edward L., 58
Thrun, Sebastian, 73-74
De Tocqueville, A., xv
Top ten percent education strategy 顶尖百分之十教育策略, 129
Torgesen, J. K., 72
Trautmann, N., 24
Treisman, P. U., 44
Turkle, Sherry, 103
Tutors 辅导者
    computer 计算机, 18
    private hiring of 私人雇请, 100, 104
    virtual tutoring 虚拟辅导, 119

166   Twenge，J. M.， 75

Twitter，xxi， 66,67,70,80

Tyack，D.， 31,53,55 - 57,61

Tyner， 23

Uber 优步租车公司,15

Udacity 优达学城在线教育,74

Uniform learning vs. customization 统一学习与定制,41 - 42

Universal schooling 普及性学校教育, xvi, 4, 7, 31, 50 - 58. *See also* Apprenticeship 另见学徒制

University of Phoenix 凤凰城大学,66

University，land-grant 赠地大学,56

Urban planning curriculum 城市规划课程,116

Video games 视频游戏

  ARIS 视频游戏 ARIS,118

  Civilization 《文明》,21, 116 - 117, 133

  Defense of the Ancients 《远古的防御》,20

  Hearthstone 《炉石游戏》,21,122

  interactive learning with 通过视频游戏进行交互性学习,17 - 18

  Madden 《疯狂橄榄球》游戏,22

  Massively multiplayer online game（MMOG） 大型多玩家在线游戏 20,117,135

  Minecraft 《我的世界》,77 - 78,122

  problem-solving and communication skills from 从视频游戏中习得问题解决和交际技能,122

  River City 《河城》游戏,20

  SimCity 《模拟城市》,117

  simulations 模拟,19 - 22

  Starcraft 《星际争霸》,20

  technology generation gap 技术代沟, 122

  virtual learning 虚拟学习,66,116

vocabulary development 词汇发展,124

World of Warcraft 《魔兽世界》,20, 117,135

Video learning 视频学习,68 - 69

Video teleconferencing 视频电信会议, 119

Vinovskis，M. A. 52,54

Virtual affinity group assessment 虚拟亲和群体评价,93

Virtual learning 虚拟学习,68 - 69

Virtual network 虚拟网络,91

Virtual Schooling 虚拟学校教育,66, 103

Virtual tutoring 虚拟辅导,119

Vision of Schooling 学校教育愿景, 26 - 28, 46 - 47,145 - 146

Vocabulary 词汇,123 - 124

Vogel W.， 72

Voice-enhanced animation 语音增强的动画,18

Wade，Mitchell， 124

Walz，G.， 137

Wealth and education disparitie 财富和教育差距,xvi,101,102,103 - 104,144

Web 网络

  authentic vs. fake news 真实消息与虚假消息,6

  customized learning 定制学习,15

  Dark Web 暗网,xi

  as memory aid 作为记忆帮助的,136

  universal access to learning 普及性学习机会,105 - 106

Weigel，M.， 76,101

White，Barbara， 26

Wikipedia 维基百科,xxi,70,78 - 79, 126,10

Williams，C.， 80

Wilson，P. H.， 72

Wirt，William A.， 57

Word processors 文字处理器,18

Work. *See* Employment　工作。另见就业

The World Is Flat (Friedman)　《世界是平的》(弗里德曼),129

World of Warcraft game　《魔兽世界》游戏,20,117,135

Writing　写作,36,78‐79

Wythe, George,　52‐53

Xanga　免费网志服务商 Xanga,131

Xerox　施乐公司,71,73

Yazzie-Mintz, E.,　133

Yelp　点评网站 Yelp,15

Youth media arts organization(YMAO)　青年媒体艺术组织(YMAO),82

Youth Radio　青年电台,23‐24,82,115

YouTube　YouTube(网站)

commercialization of education　教育商业化,105

editing gaming videos　编辑游戏视频,134

homeschooling　在家学校教育,130

Khan Academy　可汗学院,69

learning gains from　从 YouTube 中得到的学习收获,104‐105

Minecraft game videos　《我的世界》游戏视频,7‐78

music videos　音乐视频,1‐2

viral videos　病毒视频,24

virtual communities　虚拟共同体,118

virtual learning　虚拟学习,5,66,79‐80,101‐102

Zuboff, Shoshana,　4‐5

关于作者

阿兰·柯林斯（Allan Collins）被法国心理学界选为健在的对心理学领域产生过重大影响的 37 位学者之一。他是美国西北大学学习科学荣誉退休教授，是美国教育科学院院士、美国人工智能学会会员、认知科学学会成员、美国科学促进会会员、美国教育研究学会会员。他曾是《认知科学》期刊的创始编辑之一，曾任认知科学协会第一任主席。他在心理学领域最杰出的成就是语义记忆和心智模型，在人工智能领域是合情推理和智能导师系统，在教育方面是探究教学、认知学徒制、情境学习、设计研究、认知游戏和教育测试的整体有效性。1991 年至 1994 年曾任美国教育部教育技术中心合作主任。他最近一部著作《什么值得教？技术时代重新思考课程》于 2017 年 4 月由教师学院出版社出版。

理查德·哈尔弗森（Richard Halverson）现为威斯康星大学麦迪逊分校教育领导和政策分析教授。他的研究主要聚焦于将学习科学研究方法和实践用于教育领导和交互媒体领域。他担任威斯康星协作教育研究网合作主任，学习领导综合评价项目合作主任，也是游戏＋学习＋社会研究中心合作创立者和合作主任。他曾经是一名高中教师和管理者，拥有西北大学心理学硕士学位和学习科学方面的博士学位。他也是《映射领导艺术：对改进学校教学和学习而言很重要的任务》一书的合著者（与 Carolyn Kelley 合著）。

图书在版编目（CIP）数据

教育大变局：技术时代重新思考教育：第 2 版 /
（法）柯林斯（Allan Collins），（法）哈尔弗森
（Richard Halverson）著；陈家刚译.—上海：华东
师范大学出版社,2019
　　（21 世纪人类学习的革命）
　　ISBN 978 - 7 - 5675 - 9621 - 4

　　Ⅰ.①教… Ⅱ.①柯… ②哈… ③陈… Ⅲ.①教育技
术学-研究 Ⅳ.①G40 - 057

中国版本图书馆 CIP 数据核字（2019）第 195879 号

教育大变局：技术时代重新思考教育（第二版）

著　　者　[法] 阿兰·柯林斯（Allan Collins），理查德·哈尔弗森（Richard Halverson）
译　　者　陈家刚
责任编辑　彭呈军
审读编辑　朱小钗
责任校对　张　筝
装帧设计　刘怡霖

出版发行　华东师范大学出版社
社　　址　上海市中山北路 3663 号　邮编 200062
网　　址　www. ecnupress. com. cn
电　　话　021 - 60821666　行政传真 021 - 62572105
客服电话　021 - 62865537　门市（邮购）电话 021 - 62869887
地　　址　上海市中山北路 3663 号华东师范大学校内先锋路口
网　　店　http://hdsdcbs. tmall. com/

印 刷 者　上海锦佳印刷有限公司
开　　本　787×1092　16 开
印　　张　14.25
字　　数　181 千字
版　　次　2020 年 3 月第 2 版
印　　次　2023 年12月第 4 次
书　　号　ISBN 978 - 7 - 5675 - 9621 - 4
定　　价　48.00 元

出 版 人　王　焰

（如发现本版图书有印订质量问题，请寄回本社客服中心调换或电话 021 - 62865537 联系）